【文庫クセジュ】

フランス領ポリネシア

エマニュエル・ヴィニュロン著
管 啓次郎訳

Que sais-je?

JN268671

白水社

Emmanuel Vigneron, *La Polynésie française*
(Collection QUE SAIS-JE? N°3041)
©Presses Universitaires de France, Paris, 1995
This book is published in Japan by arrangement
with Presses Universitaires de France
through le Bureau des Copyrights Français, Tokyo.
Copyright in Japan by Hakusuisha

目次

序章

彼の名はシメオン。マルケサス諸島ウア・ポウ島、ホホイ渓谷の男だ。午前五時。白みはじめた夜明けが、闇から現われたばかりの森に、紫がかった光を投げかけている。自分の家のまえの広い棚地に立って、シメオンはぐるりと辺りを見わたし、足もとにひろがる谷を観察する。山のぎざぎざの稜線が視界をさえぎり、谷側ではそれが途切れて海にむかって開けてゆく。海は美しい。朝、シメオンはまず漁に出るだろう。それから戻ると、こんどは「ファアプ」つまり自家消費用の野菜畑で働く。シメオンは世界を見わたし、君臨する。彼の世界は彼の周囲に、安心できる円として成立している。朝の祈りを唱えおえると、シメオンはラジオをつける。外界からのニュースが流れてくる。タヒチでは何日もまえから港湾労働者のストが続いているそうだ。もしそれが長引けば船が来ず、お昼のおかずにも事欠くようになる。すでにひさしい以前から、日用品のほとんどすべては「中国人の店」と呼んでいる食料品店兼雑貨店で買っている。ラジオはまた彼に、新政権が成立したばかりのパリについても語る。シメオンもフランス国民として投票し、この政権交替に貢献した。かといって、それをよろこんでいるわけではない。新しい堤防や集会所を思い描いてみることはできる。ハカハウ渓谷にある島の役場で、それが話題に上るのを耳にした。役場には、貝殻の首飾りをかけた共和国大統領の肖像写真も飾られていた。ラジオはさらにジュネーヴで、世界保健機構が何億という人びとのために大がかりなキャンペーンをはじめたことを告げる。……いつだったか、フィラリアで肥大し変形した脚をパペエテから訪れた保健班に見せなくてはならなかったのを、彼は思い出した。その一行には、ジュネーヴから派遣された医師が一人ついていた。彼はまたそのとき催された「タマラア」つまり饗宴のことを、思い出す。その日はもっぱら地元の産物だけが用意されたものだ。ずいぶん昔のことだ。こんにち、シメオンは自分が遠くにいると感じている。年金の受け取りに行かなくてはならないハカハウからも遠く、息子たちが働きに行っているパペエテからも離れている。息子たちからの便りはあまりない。一人はレストランの給仕で、もう一人は大工だったがいまは失業中。シメオンはまたパリからも遠く、あてどなく孤立していると感じている。フランス共和国大統領がここまで来ることはない。徒歩、馬、カヌー以外の交通手段がないのだから。道は滑りやすく、船の接岸は危険だ。ジュネーヴおよび何億という他の病人たちからも遠い。いまでは脚の痛みは以前ほどではないが、六十三歳の彼は、村の最長老になってしまった。島の現在の人口は二〇〇〇人にやや足りない程度だが、彼が生まれたころはこの六分の一しかいなかった。シメオンは孤独で、すべてから遠く離れたところにいる。それでもへこたれることはない。今朝、彼は漁に出るだろう。いい天気だ……。彼の邦、彼の「フェヌア」（土地）にのしかかろうとしている暗雲にシメオンが気づいているかどうかは、何ともわからない。けれども空模様は怪しい。都会つまりパペエテでは、一九八七年、一九九一年、一九九四年と、騒乱が起きている。これは台風よりも頻度が高い。

以上のシメオンの物語は、たしかに想像のものではある。とはいえそこには、フランス領ポリネシアの地理的アイデンティティの、本質的部分が含まれている。地理的にいっておそらく最も強力なイメージは、何重にもなった同心円、もしくは入れ子人形のそれだろう。ポリネシアでは、いたるところが中心でもあれば周縁でもある。それは視点の問題であり、地理の問題だ。それはまず多くの島々というかたちをとって断片化された土地のせいであり、それがヨーロッパに匹敵する面積の海洋上に分散し、いくつもの群島をなしているためだ。地勢のせいでもある。標高の高い島も低い島も、浸食によって無数の部分に分断され、しばしば島内の交通は悪い。それにまた、ここは周縁でしかないという感覚が、熱帯性の島嶼環境のもろさと生物種の乏しさによっていっそうつのるのに加えて、ここそ中心でありかけがえのない場所だという感覚は、この風土に特有の動植物と特異な風景によって強化される。

こうした中心＝周縁の構図は、自然のみならず、また文化（単数ではなく文化群と複数で語ったほうがいいかもしれない）ならびに歴史からも生まれる。フランス領ポリネシアをかたちづくる一一八の島々は、地球上で最も最近になって人間が住みついた土地のうちに数えられる。それにまた、これらの島々の半数以上は無人島で、恒久的なかたちで人が住んだことが一度もなかった。これらの島々はヨーロッパ人の到来が最もおそかった土地に含まれ、脱植民地化という歴史のプロセスにも、まだたどりついてすらいない。

最近の展開が、この構図をいっそう悪化させている。人口動態的傾向としては、この海外領土の人口はタヒチ島、それもパペエテ市街地に集中しているのだが、経済発展の状況から見るならば、フランス領ポリネシアの全体が、本国に依存する周縁にとどまっている。そして社会状況を見ると、住民の全体がマージナル化される傾向が明らかにある。

こうして、どこに視点を置くにせよ、中心＝周縁モデルこそ、フランス領ポリネシアを理解するための鍵（唯一ではないにせよ鍵の一つ）となることはまちがいない。そこから島ごとにコントラストをなす状況が浮かび上がる。タヒチやモオレアはヨーロッパ現代文化のショーケースとなり、周縁部の島々はよりいっそう、伝統の保存庫としての性格を強めている。

こんにちでもこの伝統には、西欧世界の人びとにとってポリネシアの島々がもつ強烈な魅力が、はっきり残っている。それこそ世界中の旅行者が、いつかボラ・ボラやタヒチに行ってみたいと夢見る理由の一つなのだろう。そこに実際に出かけてゆく人は非常に少ないけれども、行った人は島々の自然の景観をまのあたりにして、かれらの夢を確認することになる。

第一章　島という環境の束縛と限界

フランス領ポリネシアは、いくつもの面で、自然環境をきわめて特徴づけやすい土地であるように思える。孤立性、遠さ、島嶼性、狭さ、風土性、生物相の単調さなどは、いずれもいかにも単純で喚起力のある言葉だが、危険でもある。なぜならそれらはつねに相対的なものにすぎないからだ。自然のこうした性格は（あとで詳しく見るが）、どれほどその影響力が大きく、熱帯世界全体のなかにあってさえどれほど目立つもの――したがってどれほど典型的だと見えるもの――であろうとも、またこの土地の起源と発展においてどれほど決定的であったとしても、いくつもの性格のなかの一部でしかない。事実、さしあたっては「自然環境」と呼ぶしかないものをよく観察すると、それを決定的な諸要素の集合として見るのはむずかしいということが、よくわかるはずだ。観察技術や見方によって、結果は大きく変わるのだから。これはフランス領ポリネシアにおいて、とりわけはっきりと表われる。おそらく多くの観察者にとって、この領土は、その風景のせいで他の土地よりもはるかに明確な型のある、特異なところだからだ。

I　断片化された空間

1　領土の孤立

その発見以来、現在にいたるまで、フランス領ポリネシアはつねに孤立した世界であるとされてきた。太平洋の真ん中に位置しているこれらの島々は、たしかにすべての大陸から遠い。ロスアンジェルスやシドニーまでは六〇〇〇キロメートル、サンチアゴは八〇〇〇キロメートル、東京は九五〇〇キロメートル、ヨーロッパまでは一万八〇〇〇キロメートルも離れている。こうして島々は長いあいだ、世界の主要航路からは隔たっていて、ヨーロッパ人による発見、ヨーロッパ人が危険を冒してそこに達した年代が、最も遅かった土地に数えられる。ところが考古学的データがしめすとおり、太平洋の各群島には、ヨーロッパ人がそこに入り込もうとするはるか以前から、海を超えて島々をむすぶ関係と交換の網の目が成立していたのだ。したがってポリネシア人は、われわれがはやまってそう思うほどには、孤立をはっきりとは感じていなかった。それにかれらにとって世界のひろがりは南太平洋中央部にとどまっていたのだから、自分たちが世界の周縁にいるという気持ちは、かれらにはたいしてなかっただろう。

それに、こんな興味深い事実もある。自分が生きた空間を非=地理学者が地図にしたもので、知られている限り最も古いのはトゥパイアの地図だ。これはクック船長の求めに応じて地図を描いたポリネシア人の名をとったものだが、ここに描かれているのは、こんにちでもヨーロッパではとてもありえないほど広大な実体験空間だ。実際、孤立という認識は、輸送手段の発達とともに増大する。どうやら逆説的にも、コミュニケーション手段の発達によって孤立が破られる以前にくらべて、こんにちでは孤立がはるかに実感をもって感じられているようだ。むかしは孤立が、こんなふうに感じられることはなかった! 現代では、フランス領ポリネシアにおけるメディアの急速な発達が、この感情をいっそう強めている。住民一人あたりのビデオ映画の消費本数が世界一だというポリネシア人は、スペクタクルとしてさしだされるこの「世界」において、自分たちがいっそう周縁にいることを感じざるをえない。たしかに、孤立は現実だ。それはコミュニケーションを制限する。もっとも、それはコストの問題にすぎない。世界の他の部分と完全にむすびついているフランス領ポリネシアは、こんにち、疑いなく、本土の僻地にあるいくつかの小さな「邦」にくらべても、孤立の度合いは少ない。

しかし、ここが太平洋の大きな交易の流れから見れば周縁にとどまっていることは、強調しておかな

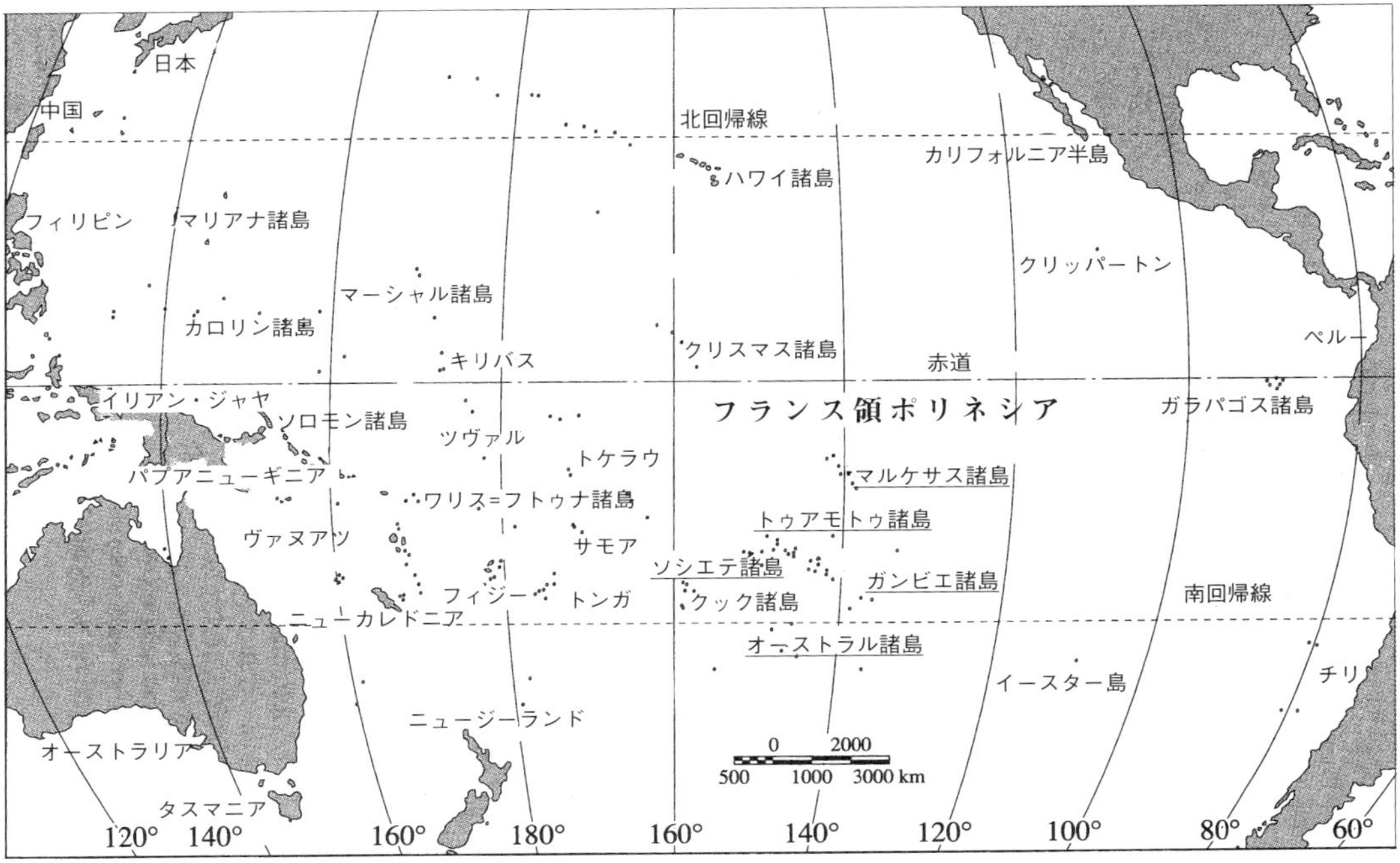
日本
中国
北回帰線
カリフォルニア半島
ハワイ諸島
フィリピン
マリアナ諸島
クリッパートン
マーシャル諸島
カロリン諸島
クリスマス諸島
ペルー
キリバス
赤道
イリアン・ジャヤ
ソロモン諸島
フランス領ポリネシア
ガラパゴス諸島
ツヴァル
トケラウ
パプアニューギニア
マルケサス諸島
ワリス=フトゥナ諸島
トゥアモトゥ諸島
ヴァヌアツ
サモア
ソシエテ諸島
ガンビエ諸島
フィジー
トンガ
クック諸島
南回帰線
ニューカレドニア
オーストラル諸島
イースター島
チリ
ニュージーランド
オーストラリア
タスマニア
0
2000
500
1000
3000 km
120°
140°
160°
180°
160°
140°
120°
100°
80°
60°
図1　南太平洋全図

くてはならない。南太平洋全域の地図は、この点を錯覚させる。そうした地図を見ると、太平洋の真ん中という位置にある以上、おのずから十字路としての役割をはたすにちがいないと思えてくるのだ。だが肝心なのは、島々の単なる位置ではなく、人口の多い島々の位置なのであり、人口によって決まる個々の島々の重要度だ。これによって平均点もしくは中位点、別の呼び方をするなら重心あるいは偽中心の位置を、計算することができるからだ。そしてそんな点は、多くの島々をもつ大洋の中心にあるフランス領ポリネシアではなく、メラネシアの、フィジー諸島とソロモン諸島のあいだに位置する。フランス領ポリネシアの現実の孤立ぶりをはるかによくわからせてくれる、誰にでもできることがある。地球儀をタヒチの真上から見てみるのだ。こうして空から「見る」と、タヒチを中心にした半球には、ほとんど陸地がないことがわかる。こうすれば島嶼性は自明といわざるをえないが、それは実際のところ、何を意味しているのだろう。

2　島嶼性

島であることが、孤立をいっそう強める。この島嶼性こそ、しばしば最も目立った特徴とされるものだ。文学、日常言語、科学論文のいずれも、島というものを議論の余地のない地理学的事実であると考えている。だからといって、島嶼性は人間にとって特別の、決定的な拘束を課すものだろうか。この概念について考えてきた著者たちは、島嶼性の決定的特色を明らかにするというよりも、むしろ不当な解釈を警戒してきたといえそうだ。「種々の可能性はいくらでもあるが、必然性はまったくない」とリュシアン・フェーヴルは強調し、ジャン・ブリュヌに従って、たしかに実在する生物学的島嶼性から人間の島嶼性へと、概念を横滑りさせることはできないと述べる。たしかに人間の島嶼性およびそれに由来する孤立の概念は、さんざん語られてきたとはいえ、簡単にしめすことのできるものではない。あまたの学会や会議にできたこととといえば、さまざまな島嶼状況の一覧表を作ることだけであり、その基準を明らかにするにはいたらなかったのだ。結局のところ島嶼性がもつ価値とは、それが島々の研究にとって、確実かつ自然な境界をもたらすということでしかないようだ！　島嶼性を論じることは、したがって議論にたいした実りをもたらさない。現実には、島とは実は何であるかを語るのはむずかしく、島といってもさまざまな種類があるからだ。

3　島の分散ぶりと狭さ

この領土の島嶼性を重視することが正当であるといえるのは、何よりもそれを構成する島々の、分散ぶりと狭さによる。フランス領ポリネシアは南緯七度から二八度、西経一三四度から一五五度のあいだの、四〇〇万平方キロメートルの海洋空間にひろがっている。タヒチから見るならば、マルケサス諸島は北東に一四〇〇キロメートルであり、マンガレヴァは東に一六五〇キロメートル、ラパは南に一三〇〇キロメートル、これらが最も周縁に位置する島々だ。しかしフランス領ポリネシアを構成する一一八の島々は、大部分が非常に小さい。海面上に現われている陸地は合計でも三六七三平方キロメートル、これは二〇〇海里経済水域中の〇・一パーセント以下であり、また陸地の大部分は、あまりに傾斜が強かったりあまりに海抜が低すぎて、人が住んでいない。最大の島タヒチは一〇四三平方キロメートルを有し、単独でフランス領ポリネシアの陸地面積の三分の一近くを占めている。つまり他の島々の平均面積は、二二・五平方キロメートルしかない！　しかもこの平均値には、現実的な意味はない。それだけの大きさに達している島は稀なのだ。島々の四九パーセントは陸地面積五平方キロメートル以下であり、六五パーセントが一〇平方キロメートル以下だ。一〇〇平方キロメートル以上の島は六つしかない！　島の数でいえばポリネシアはたしかにその名（多くの島々）に値するかもしれないが、これをミクロネシア（小さな島々）と呼んでも同様に正しいだろう。

さらにこの陸地面積は、島々ならびに群島のタイプによって、はなはだ不公平に分配されている。全体で八二の環礁と三六の高い島が、四つの群島に分かれている。

――全体の中心にあるのはソシエテ諸島で、南緯一五度から一八度、西経一四八度から一五四度のあいだに位置し、イル・デュ・ヴァン（風上の島々）の五島、イル・スー・ル・ヴァン（風下の島々）の九島が、

表面積 (km²)	ソシエテ諸島	トゥアモトゥ=ガンビエ諸島	オーストラル諸島	マルケサス諸島	全体	うち無人の島
1未満		8	2	3	13	13
1〜5	4	40		1	45	38
5〜10	2	15	1	1	19	7
10〜30	3	17	1		21	2
30〜50		4	3	1	8	1
50〜100	2	1		3	6	0
100〜400	2			3	5	0
1000未満	1				1	0
合計	14	85	7	12	118	
うち無人の島	6	47	2	6		61

諸島ごとの島の大きさの分布

南東から北西へと七〇〇キロメートル以上にわたって延びている。列島のうちでは、ここが最も多様性に富み、また最も威容を誇る島々を含む。その名はもともと一七六九年にジェームズ・クックによって風下諸島のみに与えられたものが、隣接部分を含めて全体をさすようになった。これらはまた、最も有名な島々でもある。風上諸島東部にはタヒチ本島をはじめ、メヘティア、マイアオ、モオレア、テティアロアの各島が含まれる。風下諸島には南東から北西へと、フアヒネ、ライアテア、タハア、ボラ・ボラ、トゥパイ、マウピティ、マウピハア（モペリア）、モトゥ・オネ（シリー）、そしてマヌアエ（ベリングハウゼン）が連なっている。島々は概して高い島、すなわち力強いシルエットをもった、浸食された火山で、周囲は珊瑚礁にとりかこまれ、タヒチ、モオレア、

	ソシエテ諸島	トゥアモトゥ=ガンビエ諸島	オーストラル諸島	マルケサス諸島	合計
島々の表面積					
(km^2)	1605.8	724.5	147	1040.5	3517.8
(%)	45.6	20.6	4.2	29.6	100
人口（1988年の調査時）					
	162,573	12,392	6,509	7,358	188,832
(%)	86.1	6.6	3.4	3.9	100

各諸島の人口と表面積

ボラ・ボラ、フアヒネで見られるように壮麗なラグーン（礁湖）をかたちづくっている。これに対立するのが、とくに北西部に多い環礁で、これは岩盤の変動によって生まれたものだ。全体として、陸地面積の半分近くをしめるこの群島に、フランス領ポリネシアの人口の五分の四以上が住んでいる。

——マルケサス諸島はタヒチの北北東一五〇〇キロメートルのあたりに位置し、南緯は七・五度から一〇・五度、その規模としてはフランス領ポリネシアの第二の群島だ。しかしそれは南太平洋の島々全体のなかでも、最も孤立したものでもある。この群島には一二の主要な島があり、二つのはっきりしたグループに分かれていて、両者は一〇〇キロメートルほど離れている。北にはヌク・ヒヴァ、ウア・フカ、ウア・ポウの三つの主要な島があり、その延長としてこんにちでは人が住んでいない四つの小さな島が北西に連なっている。南にはおもな島としてヒヴァ・オア、タフアタ、ファトゥ・ヒヴァがあり、これまた二つの無人島をしたがえている。これらはバリアー・

リーフ（堡礁）を欠いた高い島で、したがって海岸平野部もなければ低い海岸もなく、接近をむずかしくしている。島の姿はけわしく、いくつもの深い谷や刻み目のある高原からなっていて、それを岩だらけの山頂をもつぎざぎざの稜線が見下ろしている。とはいっても、勇み足でそう思ってしまう人がいるとしても、それがこれらの島々に人口が比較的少ないことの理由なのではない（フランス領ポリネシアの三分の一の面積を占めながら人口はその四パーセントにみたない）。十六世紀末から十九世紀初頭にかけて島々が発見されたときには、マルケサス諸島にはおそらく五万人以上の住民がいたのだ。いくつかの伝染病のせいで、その人口が二十世紀初めには絶滅に瀕したのだった。

——オーストラル諸島の人口はその陸地面積の割合に見合ったものだったようだが、ここもまた南太平洋の島々全体を襲った、外来の原因による死をまぬかれることはできなかった。オーストラル諸島はタヒチの南、南緯二一度から二八度、西経一四三度から一五五度のあいだに分散している。これは正確には群島を構成しているとはいえない。最も互いに近いリマタラ、ルルトゥ、およびトゥブアイでさえ、二〇〇キロメートル以上も離れているのだから。さらに、マルケサス諸島とちがって、この島々は小さい。主島であり長いあいだこの諸島に名前を与えてもいたトゥブアイですら、面積は四五平方キロメートルしかない。最も南に位置する島ラパだけはマルケサス諸島を思わせなくもないが、これを例外としてオーストラル諸島は標高が高くない、しばしば板のように平坦な島々だ。

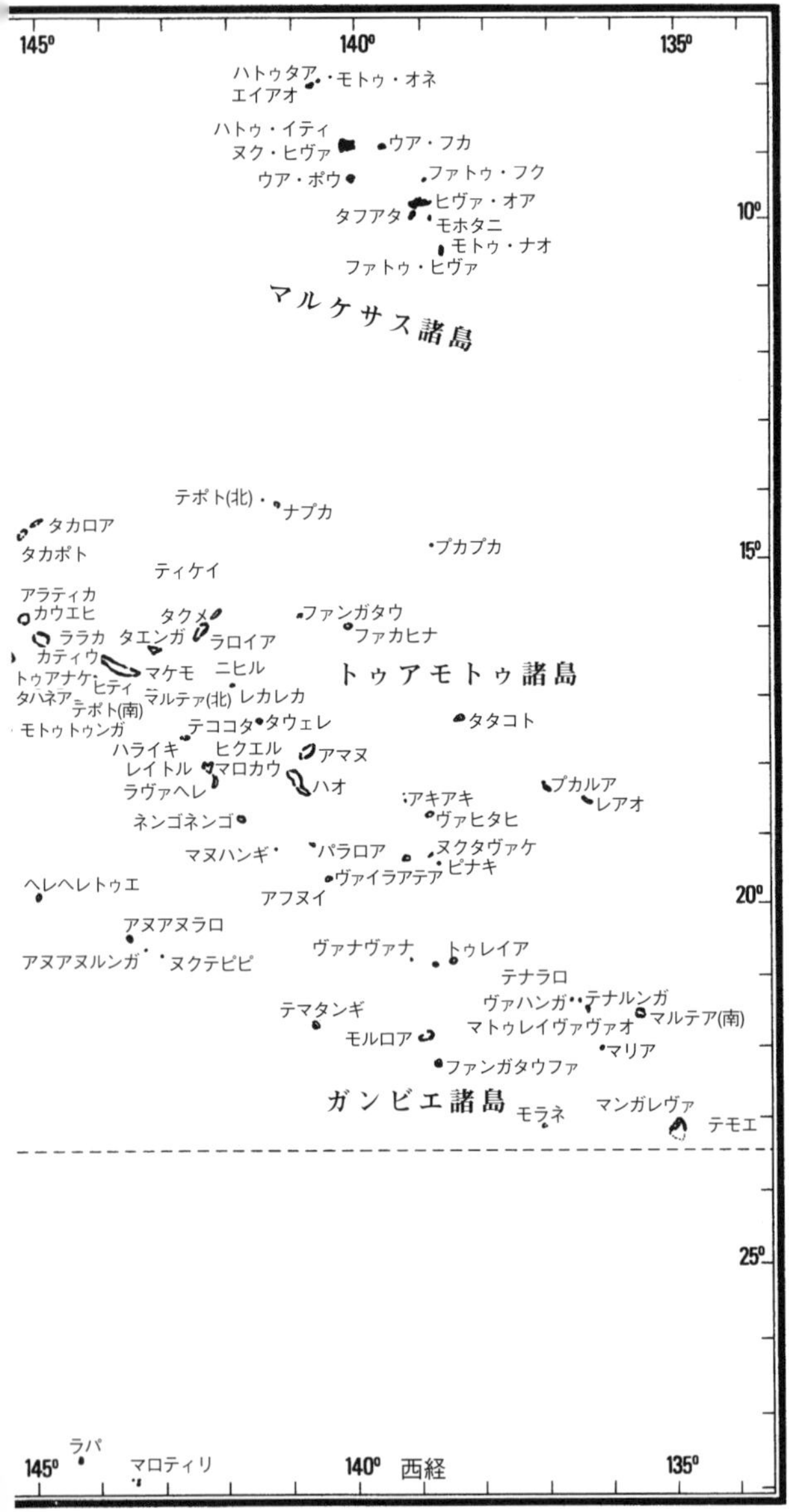
145°
140°
135°
ハトゥタア
モトゥ・オネ
エイアオ
ハトゥ・イティ
ヌク・ヒヴァ
ウア・フカ
ウア・ポウ
ファトゥ・フク
ヒヴァ・オア
タフアタ
モホタニ
10°
モトゥ・ナオ
ファトゥ・ヒヴァ
マルケサス諸島
テポト(北)
ナプカ
タカロア
タカポト
プカプカ
15°
ティケイ
アラティカ
カウエヒ
タクメ
ファンガタウ
ララカ
タエンガ
ラロイア
ファカヒナ
カティウ
ニヒル
トゥアモトゥ諸島
トゥアナケ
マケモ
ヒティ
タハネア
マルテア(北)
レカレカ
テポト(南)
モトゥトゥンガ
テココタ
タウェレ
タタコト
ハライキ
ヒクエル
アマヌ
レイトル
マロカウ
ハオ
プカルア
ラヴァヘレ
アキアキ
レアオ
ヴァヒタヒ
ネンゴネンゴ
マヌハンギ
パラロア
ヌクタヴァケ
ピナキ
ヴァイラアテア
ヘレヘレトゥエ
アフヌイ
20°
アヌアヌラロ
ヴァナヴァナ
トゥレイア
アヌアヌルンガ
ヌクテピピ
テナラロ
ヴァハンガ
テナルンガ
テマタンギ
マトゥレイヴァヴァオ
マルテア(南)
モルロア
マリア
ファンガタウファ
ガンビエ諸島
モラネ
マンガレヴァ
テモエ
25°
ラパ
145°
マロティリ
140°
西経
135°

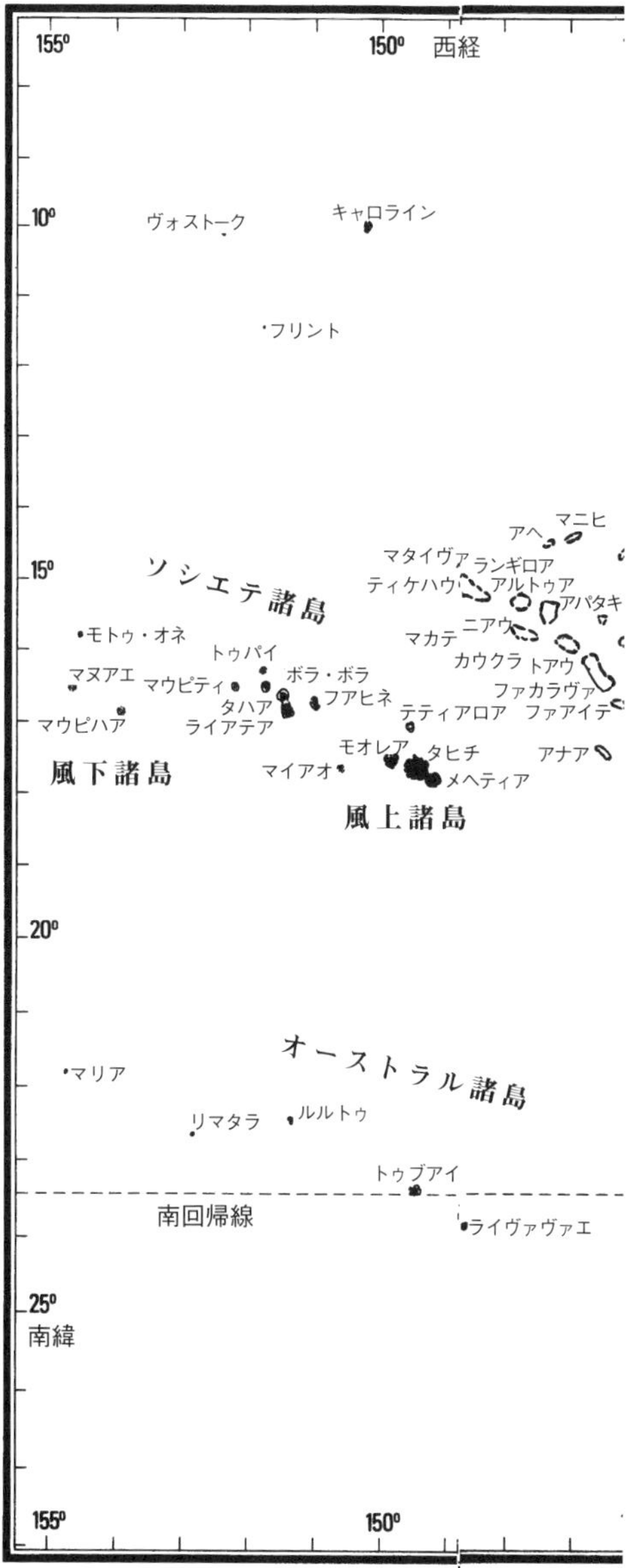

フランス領ポリネシア全図

――ガンビエ諸島をも含めたトゥアモトゥ諸島こそ、おそらく西欧人の目にとっては最も独特に見えるものだろう。七七の環礁を有するトゥアモトゥ諸島は、世界でも随一の珊瑚礁性の島々の集合体なのだ。それはまた、最も周縁に位置するものの一つでもある。群島は西経一三四度から一五〇度、南緯一四度から二四度のあいだに、長さ一八〇〇キロメートル、幅六〇〇キロメートルにわたってひろがっている。タヒチに最も近い環礁は北西に三〇〇キロメートル、最も遠いものは南東に一六〇〇キロメートルにある。群島の七七の環礁は南東から北西にかけての軸に沿って展開している。真ん中の軸が最大で、南東の南マルテアおよびマリアから北西のマタイヴァまで、六〇の環礁が含まれる。この群れの両側に、二つの二次的な軸があるのがわかる。北側にはレアオから北テポトにいたる八つの環礁が長さ八〇〇キロメートルにわたって連なり、南側にはさらに九つの環礁が長さ九〇〇キロメートルにわたって点在している。この三つの束が収束して南東ではガンビエならびにピトケアン諸島の火山島群へと連なり、一方、群島の西側には広大な大洋がひろがっている。

トゥアモトゥ諸島は六〇万平方キロメートルにおよぶ海洋面積を占めるが、七七の環礁の陸地面積の合計はやっと一万三五〇〇平方キロメートルにしかならない。それにこの面積には島々の内部にあるラグーンを計算に入れており、大部分の島で、陸地面積のほとんどがラグーンになっている。岩礁の陸地面積総計のうち、ラグーンが七八パーセント、一万五〇〇平方キロメートルを占めているのだ。環礁の王冠部が水面上に出ている小島「モトゥ」は合計で六〇〇平方キロメートル、すなわち四パーセントにみたず、残りは王冠部でも水面下に沈んでいる。これがどの程度の尺度に当たるのかは、心にとどめておいたほうがいいだろう。トゥアモトゥの七七の環礁は、それに付随する海洋面積のわずかに二パーセントにしかならないが、そのなかでもモトゥ（海面上に姿を見せている部分）は〇・一パーセントにしかあたらない。

この小さな面積が、その上に、ひどく不平等に分布しているのだ。大小の差が、非常にある。世界最大の環礁の一つであるランギロアは一六四〇平方キロメートルを有し、それだけでこの群島の島々の陸地面積の一二パーセントになる。

――トゥアモトゥ諸島の南東にあるガンビエ諸島には一ダースほどの島々があり、うち最大なのはマンガレヴァだ（一五・四平方キロメートル）。この島々は一辺が三〇から三五キロメートルの台形のラグーンのなかに閉じ込められていて、これにさらに八つの小さな環礁が行政的に付随している。マンガレヴァおよび近隣の島々は山がちで、面積の割に標高が高い。マンガレヴァの場合、四二五メートルに達する。これらの火山性の島々がトゥアモトゥの鎖列の起源であり、散在する環礁とともに、トゥアモトゥ諸島はここに連なっている。こうして見ると、二つの群島の区別は、地質学的というよりも、はるかに歴史的なものだ。事実、ガンビエ諸島は十九世紀に、カトリックの宣教師たちの支配下に、事実上のグループを形成した。こんにちでは、モルロア（一九六二年以後、軍により「ムルロア」と名を変えられてしまった）ならびにファンガタウファという核実験場に近いことと、それにともなう軍の監視が、五〇〇人ほどの住民が住むこの「群島」の孤立をいっそう強めている。

高い島と環礁というタイプのちがいが、しばしば単調でごく均質のものと見られがちな群島に、多様化への第一歩をもたらす。多様化のもう一つの要因となるのは、人口の集中度のちがいだ。これらの島々の半分以上は、無人なのだ。一九八八年の国勢調査によると、有人の島々の人口は、小さな環礁であるヘレヘレトゥエ（四平方キロメートル）の二〇人から巨大環礁であるランギロアの一三〇五人までの幅がある。この文脈で見ると、近隣の環礁トゥレイア、モルロア、ファンガタウファ、テマタンギ（合計で一九八八年の時点で二一八六人）ならびに後方基地にあたるハオ（一一五六人）での軍の存在の大きさが、環礁の風景に大きな亀裂をもたらしているといえよう。

Ⅱ　高い島々、低い島々

1　島の発生

火山性の高い島、すなわちごつごつした威容を誇り海面から力強くそびえたつ島を、大洋の大波にさらされて洗い流されてしまいそうな、平坦で細い環礁と対比させることは、よく行なわれる。これは明瞭な区分でもあれば、過ちを誘う区分でもある。すでに一八四二年、この海域を旅していたチャールズ・ダーウィンが、環礁の基盤は活動をやめて水面下に没した古い死火山なのだという仮説を唱えていた。核実験のために行なわれた環礁の掘削が、一九六〇年代になって、遅まきながらこの説の正しさを証明した。マーシャル諸島のエニウェトクでは、数千万年前には外気にさらされていた痕跡のある火成岩が、深さ一三〇〇メートル付近で見つかっている。モルロアならびにファンガタウファでは、軍事目的で行なわれた多くの掘削が、深さ三、四〇〇メートルのあたりで玄武岩にぶつかっている。

「ダーウィンの思想は、こうして一世紀ののちになって、裏付けを得ることになった。しかし、単に環礁の沈降の説明にとどまらず、まず高い島についてはタヒチおよびボラ・ボラでの、ついで環礁に関してはココス島およびモルディヴでの観察に基づいて、ダーウィンはとりわけ南太平洋において自分が出会ったあらゆる形態の岩礁の形成のモデルを提唱したのだった。それは高い島に見られる裾礁（彼自身は「縁礁」と呼んだ）から、バリアー・リーフを経て環礁にいたる、一連の進化の結果として生まれる諸形態だ。実際、大洋中の火山島は、出現するとただちに、裾礁に囲まれはじめる。島の沈降と珊瑚礁の垂直方向の発育は同時に進行し、裾礁はまずバリアー・リーフに、ついで島自体が完全に海面下に没したあとでは、環礁になってゆく。環礁は指輪型をしていて、その誕生のもとになった島のかたちの痕跡をとどめている。しかしダーウィンは、島々の沈降の動因が何であるかは、きちんと述べていない。彼の説はその後、部分的に放棄され、別の諸説が唱えられたが、科学の熱い論争の流れのなかで、ときには激しく批判され、またときには擁護されてきた。

エニウェトクおよび東部トゥアモトゥ諸島の掘削が、ダーウィンの理論と、島々がたしかに沈降しているという事実に、ふたたび人びとの注目を集めることになった。島はおそらくみずからの重みによって沈降し、それが岩石圏全体の沈降をもたらしている、という説だ。だが、島々はただそれだけの理由で、大洋の表面から姿を消すものだろうか。「プレート・テクトニクス」と呼ばれる理論（一九六八年）が、それまでかなり曖昧だった概念を、相当にはっきりさせてくれた。太平洋について唱えられたこの理論は、太平洋東部の海嶺、平均深度二八〇〇メートルのあたりで生まれた岩石圏のプレートが、北西に移動しながら次第に沈降してゆくことをしめした。プレートは冷えながら収縮し、密度を増し、自分がその上に乗っている岩流圏の冷却と、その下にあるマグマの上層部の凝集を引き起こす。その結果、濃度と重量が増大して、プレートは四半世紀で一ミリの割合で沈降することになる。火山性の島々もこれと同時に沈降するのだが、このマイナスの動きはバリアー・リーフのレベルでは、珊瑚礁の成長によって容易に打ち消される。さらに西、プレートがすっかり潜り込んでゆくゾーンに近づくと、沈降の速度に造礁珊瑚という生物の成長が追いつけなくなり、環礁は大洋の下に消え、平らな頂上をもつ海面下の山、海山となる。

トゥアモトゥの環礁群は、したがって海岸の珊瑚礁に囲まれた海洋性の高い島から、ソシエテ諸島のボラ・ボラあるいはガンビエ諸島のようなほぼ環礁に近い状態を経て、現在にいたっているわけだ。これらの環礁は、その沈降速度が一年で一センチという珊瑚礁の成長速度では補いきれなくなったとき、逃れがたく海中に消えてゆく運命にある。

けれども最近になってトゥアモトゥの構造に関して得られた知識によって、この単純なモデルに変更が加えられた。それはハワイ諸島やソシエテ諸島のように「ホット・スポット」から生まれた火山性の島々の鎖列には、とりわけよくあてはまる。これらの場合には、岩石圏の下、岩流圏の比較的固定された場所にある熱い地点が、海底火山の爆発を生じさせ、高い島の誕生を促す。この高い島が、ときとともに、プレートに乗ってゆっくりと移動して、島々の鎖列を形成する。それぞれの島の年齢は、ホット・スポットからの距離に比例している。このような図式はピトケアン諸島の配列に、よくあてはまる——ガンビエ、ファンガタウファ、モルロア、テマタンギ、グロスター伯島、ヘレヘレトゥエ……。トゥアモトゥのその他の環礁も、おそらくはおなじタイプの構造の上に位置していると思われる。こうして、ハオの列島――トゥレイア、アクテオン諸島、マルテア、ミネルヴァ暗礁――が、東ではフランス領ポリネシアの外のオエノ、ヘンダーソン、デュシーといった島々へと連なり、クロウ海溝で終わるのだが、ここがホット・スポットにあたる。ともあれ、ここでは水深一五〇〇から二〇〇〇メートルの大きな高原の上にあって、トゥアモトゥの環礁の大部分は幅三〇から五〇〇キロメートルにわたって続くが、その両側では大洋の水深は四〇〇〇から五〇〇〇メートルが長さ一五〇〇キロメートルに及んでいる」(J・ボンヴァロ/P・ラブート/F・ルージュリ/E・ヴィニュロン『トゥアモトゥ環礁群』、パリ、ORSTOM、一九九四年)。

2 島々の諸タイプ

地質学者・地形学者は、こうしてこれらの島々の構造的統一性と、島々をむすぶ形態形成的な連続性を、完全にしめすことができた。フランス領ポリネシアのすべての島々が共有する特徴は、火山性だということだ。また、すべての島々は太平洋プレートという構造的文脈を共有しつつ、地質学的な進化をとげている。このプレートは年月とともに西にむかい、次第に沈下してゆく。この深海の広大な平原から、島々は孤立して、あるいは高い山脈となって、出現する。もう一つの共通の特徴は、珊瑚礁の形成だ。これはマルケサス諸島のようにほとんど外からは見えない場合ですら、海岸部では必ず起こっている。J・ボンヴァロの研究は、これらの島々の地形的特色を、見事に要約している。

（A）高い島――フランス領ポリネシアの陸地の主要部分をなすのは「高い島」だ。合計すると、一一八の島のうち三六の島がこれにあたる。住民全体の八六パーセントは、こうした地形のもとに住んでいて、うち七〇パーセントがタヒチに集中している。高い島は一般に、きわめて狭い面積でありながら標高が高い。その姿は、はじめにあった盾型の玄武岩の火山に由来する。標高は高いが、なだらかな斜面をしたものだ。山頂部はしばしば、大きな火口となっている。大きな玄武岩の盾状火山の山腹では、比較的傾斜の弱い斜面に、刻んだような起伏ができている。そのうちいくつかは標高一〇〇〇メートル、二〇〇〇メートルに達し、頂上には円形ないしは楕円形の火口ができている。火口壁はしばしば数百メートルの高さにおよび、それがこれらの山の典型的なかたちだ。またおなじ火山に、いくつかの火口が、はめこまれたように穴をあけている場合も多い。火山の外側の斜面には、あとになって、岩滓の小さな突起や酸性溶岩のドームができあがっている。

大きくえぐれた谷ができあがるかどうかは、岩質に左右される。とくに、流出した玄武岩の浅い層が、岩滓の床によって隔てられている場合が、風化や浸食にきわめて好都合だ。溶岩が重なっている順序は、ソシエテ諸島では比較的単純で、よくわかっている。マルケサス諸島では、そうはいかない。塩基性溶岩から酸性溶岩にいたるいくつかの局面を経て火山が形成されているからだ。総じて、凝集していない岩、きびしい気候、風化の強さが、深い刻み目のある姿をもたらす。これらの島々の共通点として、古い海食崖が見られるが、これは完新世海進期には現在よりもわずかに海面が高かったことをしめしている。そしてまた、どの島にも、河川・海岸による小さな沖積平野（大きさはさまざま）が、点々とではあれ存在する。

ラグーンの地形学についていうと、ソシエテ諸島では珊瑚礁の切れ目のパス（水路）が西にゆくほど少ないが、これは長いバリアー・リーフが存在するせいだ。西にゆくほどバリアー・リーフの長さの平均が増大し、火山性の陸地面積に対するラグーンの面積の割合も増大する。

一〇四三平方キロメートルあって島々のなかで最大のタヒチは、最高峰オロヘナで標高二二四一メートルに達する。島のかたちは大きさのちがう二つの火山の並列からなっている――主島であるタヒチ・ヌイと、タヒチ・イティ（小タヒチ）とも呼ばれるタイアラプ半島で、両者はタラヴァオ地峡でむすばれている。この二つの山がかつて盾状火山であったことをうかがわせるのは、全体のシルエット以外にない。火山の山腹は浸食でえぐられ、中心から放射状に伸びるいくつもの大きな谷が島を分断している。数百メートルの深さをもつこれらの谷を山側にたどると、火口の外縁で、カスケード状の滝や急流をもつ壮大な階段状地形にゆきつく。ただ最も大きな谷、パペノオ渓谷だけが、火口に食い込んでいる。これらの谷には溶岩台地の要素はわずかにしか残っておらず、谷と谷のあいだはしばしば、直線的な二つの斜面を互いにたてかけたような、単純な地形になっている。稜線の一致するところに山頂がはっきりとわかる。二つの火山の中心、えぐれたいくつもの斜面が収束するあたりだ。接近はきわめて困難なこれらの頂上は、すぐそばにある山麓から見ると、感嘆すべき急坂をもって君臨している。主島ではオロヘナ（二二四一メートル）、ピト・ヒティ（二一一〇メートル）、アオライ（二〇六六メートル）、半島部ではモン・ロヌイ（一三三二メートル）、マイレヌイ（一三〇六メートル）が、おもだった峰だ。このごつごつした地形では、表土の土砂崩れが多い。溶岩台地の要素がいくつか残っていることを除けば、島の内陸部でゆるやかな斜面といえば、後年の噴火により谷間に降り積もったラハール（火山泥流）や溶岩流で形成された高原しかない。

この起伏が海に出るところは、多くの場合、高さが三〇から一五〇メートルの離水波食崖になっていて、海岸部の沖積平野を見下ろしている。平野はごく限られた広さで島のいくつかの地点に点在するにすぎず、幅一キロメートルを超えることはない。とくに南部のアティマオノ平野やタラヴァオ地峡の両側が、おもだった平野だ。北部および西部では平野は幅数百メートルに達するにせよ、主島でも半島部でも、東側では完全に姿を消し、海面下の珊瑚礁だけになる。この部分では、外海の波にさらされる磯の海岸が途切れるのは、河口の扇状地になっているところだけだ。それ以外のところでは、海岸の平野は海の攻撃から、バリアー・リーフ（海岸からはかなり大きくて深いラグーンで隔てられている）か裾礁によって守られている。バリアー・リーフは、谷間の延長部にあたる多くのパスによって分断され、ラグーンの大きさは主島のパペエテとパエアのあいだの西海岸でも、幅一キロメートルを超えることはない。ラグーンはタヒチの南部でしか大きく発達しないが、その水深は概して浅く、タヒチの西海岸ではバリアー・リーフと裾礁の区別をつけることがむずかしい。浅くて狭い水路で隔てられているにすぎないからだ。ラグーンの底には一面に砂が沈殿していて、そこから珊瑚礁の先端が突き出している。これは幅よりも高さのある、生物が作り上げた構築物だ。

タヒチの島に見られるこうした全般的地形は、フランス領ポリネシアの他の高い島においても多少なりとも、しばしば際立ったかたちで、見ることができる。その結果、ただでさえ小さな島々で、容易に開発できる土地はごく狭いということになる。タヒチの場合、島が提供してくれる一〇四三平方キロメートルのうち、開発され人が住んでいるのはわずか一五〇平方キロメートルで、人間とその活動はこの海岸部に集中している。こうした集中は、マルケサス諸島のように海岸平野のないところではいっそう極端で、ここでは住民はいくつかの谷間に集中して暮らしている。こうして海岸ばかりが、きわめて強く人間化される。タヒチの場合、「海岸線の五〇パーセント以上が人家や施設で占められている。こうした状況下では、砂浜などほとんど望めない！」（J・ボンヴァロ）。人間のこの集中ぶりは、また河川の下流域ならびにラグーンの汚染をもたらす。このため、ピラエからプナアウイアにかけての都市区域沿いのラグーンは、海水浴には適していない。

(B) 環礁——フランス領ポリネシアの環礁の数は八三で、そのうち七七がトゥアモトゥ諸島にある。これらの低い島は、ラグーンのまわりをとりかこむように海面に姿を見せる小島の連なりとして、おおむね切れ目のある指輪型をしている。

陸地面積で考えるなら、これらの島々は小島にすぎない。ラグーンの部分を面積に含めてすら、一〇〇平方キロメートルを超える環礁は二八島、五〇〇平方キロメートルを超える環礁は一〇島しかない。とはいえ、大きさは実にさまざまだ。クワジェリーンについで世界第二位の大きさをもつランギロア環礁は、北西から南東に伸びる楕円形をしていて、長さは八〇キロメートル以上、幅は三〇キロメートル、一五〇〇平方キロメートルを超えるラグーンを有している。それぞれ一二二〇平方キロメートルと九〇〇平方キロメートルの面積をもつファカラヴァおよびマケモの両環礁とともに、ランギロアは「巨大」環礁と呼んでいい。これに対して面積が一〇〇平方キロメートルを超える二八の環礁は「大」環礁だと考えていいだろう。三つの巨大環礁とおなじく、こうした大環礁は、群島の中央部および西部に位置している。面積が一〇〇平方キロメートルにみたない四九の環礁は、どちらかといえばトゥアモトゥ東部に特徴的な小環礁というタイプに属するが、これは少数ながら西部にも見られる。この三つめの小環礁というタイプにおいて、そのかたちの多様性が最も大きくなる。この「小環礁」のなかにはごくごく小さな、せいぜい五平方キロメートルくらいしかない環礁もあって、アキアキ、北テポト、ティケイ、ヌクタヴァケなどではラグーンが完全に干上がっている。他にもピナキ（四平方キロメートル）、プカプカ（一六平方キロメートル）、レカレカ（二一平方キロメートル）などのラグーンが、埋まったり干上がったりしかかっている。このタイプのなかにはさらに、隆起したマカテアやわずかに隆起したマタイアおよびニアウのような環礁も含まれる。マカテア環礁は、岩石圏の変形の結果である地質学的なせり上がりによって海面上に出たもので、これは一〇〇万年ほどまえのタヒチの誕生のときに起きたことにちがいない。タヒチの北西、さらに離れたところにあるニアウとマタイヴァも、おそらくこの周縁部での隆起の影響を受けていて、よく発達した王冠状の珊瑚礁に囲まれた、浅くて閉じたラグーンをもっている。

「小環礁」タイプに属する環礁も、もっと大きな環礁とおなじく王冠を発達させているけれども、ラグーンと大洋のあいだのパスは、たとえあるとしても深くない。これとは反対に、一〇〇平方キロメートルを超える環礁は、ほとんどすべてが、一つ、ときにはいくつかの、パスをもっている。こうして数の上では多い（八三のうち四九）パスのない環礁、一つだけパスのある環礁（八三のうち二四）、いくつかのパスのある環礁（八三のうち一〇）を区別するのが慣習となっていて、この区別はパスの有無が生物学的に決定的なちがいである以上、意味がある。パスのない環礁で人が住んでいるところは半分にみたず、少なくとも一つのパスのある環礁では四分の三に人が住んでいることからも、この区別を立てることには意味があるといえよう。明らかに、パスがあることで接岸が容易になるからだ。

こうした多様性の要素があるとはいえ、全体の地形的統一性は、それ以上のものだ。すなわち、海面上にはわずかにしか出ていないけれども、火山性の土台の上に珊瑚の小さなポリープ群が少しずつ形成してきた、巨大な生体建築のことだ。環礁のかたちは、珊瑚礁による建築プロセスと、台風のときの物理的浸食、あるいは第四紀の海の大後退期に襲った化学的浸食による破壊のあいだの、不安定な均衡の結果だ。この時期には、地球上のすべての石灰岩台地とおなじく、環礁も激しい溶出によるカルスト浸食をこうむった。

フランス領ポリネシアで見ることができるように、こんにち、環礁は比較的単純で安定した構造をしている。島の一タイプとしての環礁は、三つのおもな地形的要素の連なりとして定義されるだろう。珊瑚礁による王冠部、ラグーン、その外側の海底斜面だ。

珊瑚礁の王冠部

飛行機から見ると、あるいは地図上では、環礁はまずまずかたちの整った指輪型をしている。円周部は平らな表層をなしていて、そのところどころにほとんど高さのない小島「モトゥ」があり、また浅い水路「ホア」や、それより深いパス「アヴァ」で切れ目が入っている。この全体が、珊瑚礁の王冠部と

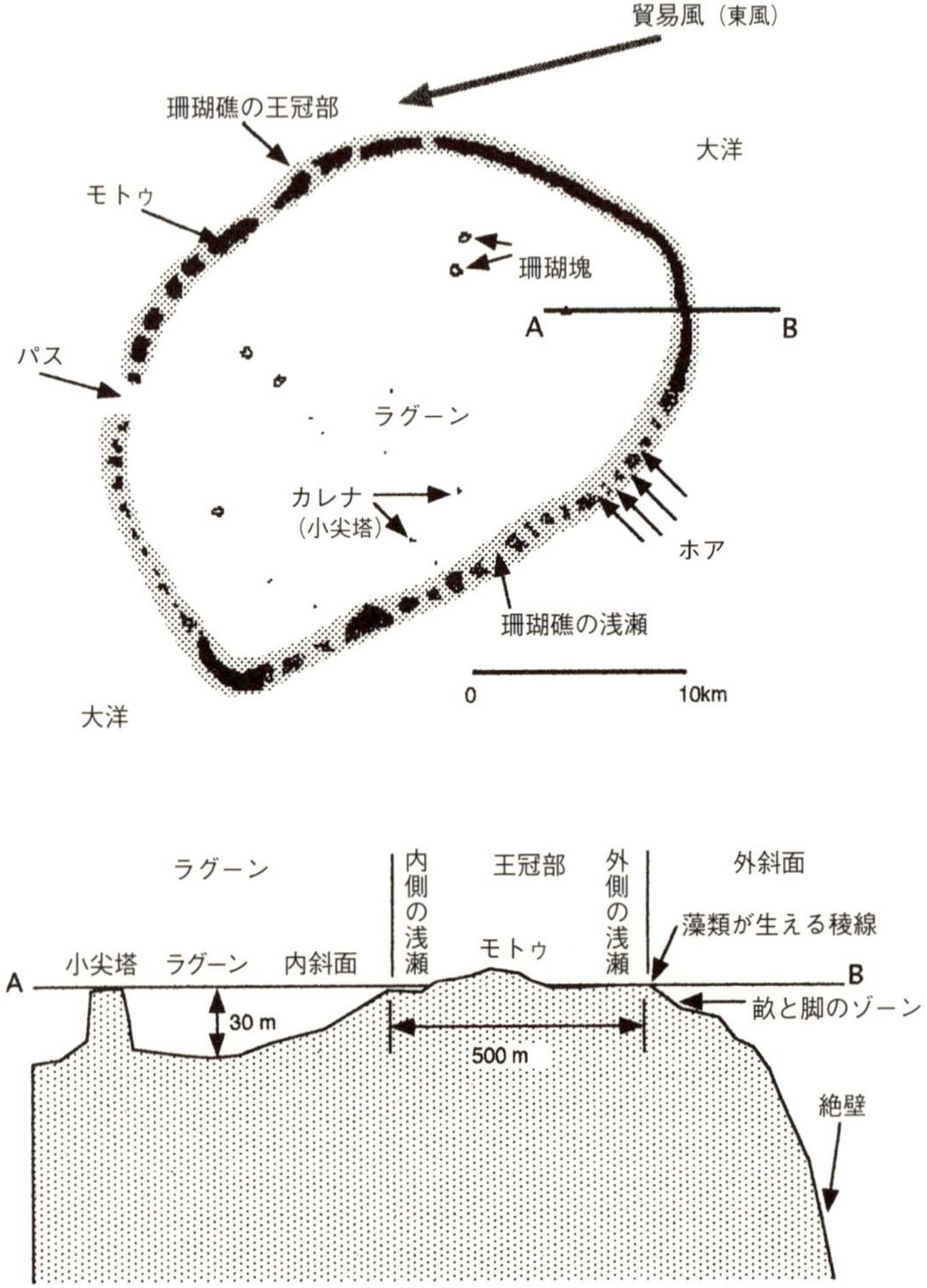
貿易風（東風）
珊瑚礁の王冠部
大洋
モトゥ
珊瑚塊
A
B
パス
ラグーン
カレナ
（小尖塔）
ホア
珊瑚礁の浅瀬
0
10km
大洋
ラグーン
内側の浅瀬
王冠部
外側の浅瀬
外斜面
藻類が生える稜線
小尖塔
ラグーン
内斜面
モトゥ
A
B
30 m
500 m
畝と脚のゾーン
絶壁

環礁とその断面

いうことになる。

王冠部の外側には、薔薇色で幅三〇から五〇メートルの珪藻土の稜線ができている。これは珪藻類が作るもので、なかでもポロリトンやジャニア属が主体だ。トゥアモトゥの東部では、この珪藻土は見られず、珊瑚礁が形成する壁になっている。大波が当たる部分であり、引き潮のときには海面上に出るこれは、均質でも単調でもなく、きわめて多孔質で隙間だらけの基層をかたちづくり、これが大波のエネルギーを散逸させる。内側では、これは珊瑚礁の破片が固まり合った、なめらかで釉薬をかけられたような石灰質の広大な平面に場所をゆずる。あちこちに、珊瑚礁石灰岩の塊がある。これは台風の大波で環礁の外側の斜面から引きちぎられたものであり、数立方メートルから数百立方メートルにもおよぶことがある。もっと小さな破片はしばしば環礁の内側に蓄積され、岩屑からなる自然堤防のような壁を、一つあるいはそれ以上作り、その高さは五から八メートルにも達することがある。この壁の背後、ラグーン側では、多くの場合そのままゆるやかな斜面が続いてゆき、奥にゆくほど沈殿物は小さくなる。モトゥの内部では、墓石のようなかたちをした、ときには数メートルの高さの珊瑚礁石灰岩の塊に出会うことも稀ではなく、これは「フェオ」と呼ばれている。

したがって、環礁の外側部分——つねに大波におびやかされている——と、浜辺の白い砂のこまかさや透明でしずかな水がしめすように条件がずっとおだやかなラグーン側の、コントラストは非常にはっきりしているように見える。ところが実際には、そんなことはまったくない。モトゥはただ、そのときの堆積状態のかりそめの姿を表わしているにすぎない。それは大型台風のときなど、ほんの数日のうちに破壊されることも、新たに誕生することもあるのだ。こうして考えると、モトゥのなかでも最も高さがあって、人間にとって安定したものだけが、恒常的な居住を支えてくれることがわかる。

モトゥは、環礁の壁面に垂直に切りこむ切れ目、つまり「ホア」によって、互いに切り離されている。もともと単なる凹みあるいは表面のしわであり、表土（これもホアと呼ばれる）を集める役目もはたすこの切れ目は、環礁のある部分には非常にたくさんあり、ラグーンの水の更新に大きな役割を演じる。外側の表土を切って外海に通じているか否かによって、ホアは海水のラグーンへの流入という重要な動きに影響を与えるのだ。この役目をはたさないかときどきはたすだけのホアと、開いていてつねにこの役目をはたすホアを区別することができる。ホアの底は砂粒子におおわれた小さなタイル状の板でできていて、それが流れこむ海水の強さを表わす。ここでは珊瑚が大きく育つことができない。

これに対してパスとは、環礁の王冠部に自然に生じる水深の浅い切れ目で、外海とラグーンのあいだの双方向の水の流通を許すものをいう。とはいえ、すでに述べたように、パスのある環礁はパスのない環礁よりも数が少ない。複数のパスをもつ環礁は、一〇あるにすぎない。パスはつねにラグーンの平均水深よりも浅く、しばしばはっきりとわかる閾をもっている。その幅は、一〇〇メートルほどのものから数キロメートルにわたるものもある。こうして海とラグーンは、ホアならびにパスを通じて、海水の表層部でつねに交換を行なっているのだ。ホアでは海水はもっぱら外海からラグーンへと流れこむ。パスでは、ホアから入りすぎた海水を排出するための、ラグーンから海への流れが生じるのだが、これは潮の満ち干に従って逆の動きに転ずることもある。こうして、ランギロアのアヴァトル・パスでは、海水の流入（全時間の四五パーセント）と流出（全時間の五五パーセント）が交代し、流出の場合の平均速度は時速三ノット、ときには六ノットまで加速することがある。こうしたパスでは、しばしば航行が危険であるのも頷けるだろう！

ラグーン

ラグーンの海底は、水面下二〇から五〇メートルに砂と沈泥で形成される。概して単調だが、ところどころに生物の作った建築、すなわち珊瑚の塔や塊が見られることもある。塔は「カレナ」と呼ばれるが、まるで小鐘塔や石筍のようなかたちをして、海底の砂地からまっすぐにそびえている。幅よりも高さがあり、その頂点は水面に達することがある。水面に達した部分はしばしばすり減っており、イシサンゴのコロニーが水平にひろがっている。この部分はまた、水力学的な条件に敏感だ。というのも珊瑚礁の形成は、しばしば塔の周囲に塔とは垂直方向に伸びてゆくため、ときに崩れて海底に堆積することがあるのだ。水面に現われることのない塔のなかには、奇妙なかたちをしたものがある。地元で「カプク」と呼ばれるそれは、高さ四から六メートルで数千本におよび、トゥアモトゥ北西部にあるタカポト環礁をはじめ、いくつかの環礁の海底で見つかる。珊瑚塊は高さよりも幅のひろいもので、いろいろなかたちをしている。ポリートによる石灰化が周辺部でおこり、重ね塗りをするようにして成長する。かなり大きないくつかのラグーンでは、小島がいくつも見られるが、これはラグーンの現在の海面よりも数十センチメートル高い小断崖をもつ、珊瑚の集合体を敷石として成立している。こうした小島の周囲には美しい裾礁ができていて、いろいろな色をした珊瑚が成長している。

外側の斜面

王冠部から出発して、環礁の外側の斜面は概してきわめて強く傾斜し（四〇から七〇度）、水深数千メートルの深海平原まで続く。海面近くでは珪藻土の稜線は消えて、溝のついたプラットフォームになり、それが脚と畝のゾーンとなって、水深一〇から二〇メートルにいたる。畝（ション）というのは狭い廊下のように珊瑚礁の壁面に縦に引かれていて、そのあいまは丸みをおびたふくらみのある平面で分離されている。これが脚（エプロン）だ。畝では、巨人の鍋の底で転がされてきたような砂利の存在が、大洋の水の力の激しさを証言している。なめらかな仕切り壁は砂や小石による摩滅をうけていて、珊瑚のコロニーはそこでは成長できない。この脚と畝のゾーンの下では、しばしばゆるやかな傾斜部に出会う。ここは角度のゆるやかなプラットフォームで、珊瑚、砂、小石、岩でおおわれている。この傾斜のゆるいゾーンにつづいて、急激に落ち込む部分があって、ここではときには傾斜角度は七〇度に達し、しだいにゆるやかになりつつ、数百メートルの深さの海底原まで続いてゆく。

要約するなら、環礁と海のあいだの境界が、いかに微妙なものであり、うつろい、不安定であるかを、よく考えてみなくてはならない。海面上に出ているプラットフォームが存在する場合、プラットフォームと海とのあいだの移行はつねに漸進的なもので、水に隠れたり現われたりする中間的ゾーンを通じて、潮の満ち干や気候上の事件のリズムによって起こる。環礁とは繊細な環境なのだ。しかしまた、フランス領ポリネシアの高い島々にしても、繊細であることに変わりはなかった。

Ⅲ　もろい環境

ポリネシアの島々とは、地理学的な逆説だ。小さく、広大な大洋の真ん中に何のまえぶれもなく思いがけず出現し、一目でその全容を見てとることができる。おそらくそのせいで島々は美しく、また美しいものと世界中で思われているのだろう。ポリネシアの島々が、ラグーンと白い砂浜と海岸でのんびりとそよぐココ椰子の木からなる楽園の島の祖型であることを理解するためには、西欧の旅行代理店のポスターやパンフレットを見てみるだけでいい。ポリネシアの人間にとっては、島すなわち「フェヌア」への愛着は、美学的な意味をおびてもいる。それは何度も書かれてきたように、庭作りや豊富な地名を通じて自然を自分たちのものにするのをポリネシア人が好むことから、わかるとおりだ。ヨーロッパ人発見者たちの物語は、風景の総体からうける、長い航海のあとで島々に接近する航海者がいだく第一印象の描写に、大きな位置を与えている。みんな一致してこう書くのだ。これらの島々は、トゥアモトゥ諸島のように接近がむずかしい場合はあるにせよ、美しく、魅力的で、気前がいい、と。南海の神話が生まれる。未開人が善良なのは、自然が善良だからだ。こうしてポリネシアから帰った何百人もの旅行者たちが、この神話とポリネシアの景観を称揚し、何十人もの小説家や詩人も、それぞれにはなばなしく書きたてた。なかでもシャトーブリアン、ヴィクトル・ユゴー、エクトール・ベルリオーズのロマン主義は、南海の「魅惑の岸辺」をことほいだ。

引用できる文はいくらでもあるが、ここではヴィクトル・セガレン——のちに『記憶なき人びと』を書くことになる——が一九〇三年一月二十三日にタヒチに到着したとき、両親にあてて書いた手紙を見てみよう。「私たちの背後には、空に巨大な灰色の積乱雲がひしめきあって、昨日の嵐の遅れてきた後衛をなしており、正面には白っぽい空の下、あこがれの島の野蛮で甘美な急峻の姿が見えるのです。島は空の色あせたページに暗い紫色で描かれています。尖った山脚、ついでその延長であるぎざぎざした稜線、そして二つの山頂が見え、それはまず島の主峰ついでもう一つの峰なのですが、それから水平線にむかってなだらかな斜面が降りてゆく。二つの面があるわけです。きびしく尖った山頂はそこだけがまるでステンドグラスをはめこんだように見え、あとはごくなだらかでやわらかい緑におおわれた斜面が、下のほうでは海のふるえるきらめきに消えてゆきます。珊瑚礁に砕ける波は、飛び散っては虹色に輝く白さを見せてくれる。空気は生ぬるい風と愛撫するような香しい匂いにみちています。そしてはるか左手には、金星岬のうしろに太陽が大きく輝いている」（P・オレイリー『ヴィクトル・セガレンとオセアニア』に引用、パリ、一九四四年。シンガポール、エディシオン・パシフィックにより再刊、一九八五年）。

この絵のなかに、読者は甘美な生活とは無縁な要素を、たとえそれが一時的に背後におしやられているとしても、すでに見ることができる。それはポール・ゴーギャン（風景の本質を描くことにかけては驚くほど地理学者であった）の絵を注意深く見る人が、この偉大な画家の空には嵐が重くたちこめ、水が大きな要素として描かれていることを、よく知っているのとおなじだ。

1　気候、好天と荒天のあいだで

探検家や航海者にしても、あるいは小説家やある種の科学的書物の著者にしても、島々の気候のよさ、その安定性と健康さを自慢し、しばしばここには人の性格を温和にする美徳があるといい、ときにはそれどころか人を脆弱にするとすら述べてきた。ほとんどの場合、島々の気候について述べたなら、決まってその次には住民の鷹揚さにふれるのが常だ。いうまでもなく、こんな決定論、こんな一般化ほど、まちがってもいれば危険なものもない。ポリネシアの気候はたしかに過剰なところがなく、台風も稀だが、まさに台風が稀とはいえ来ないわけではないからこそ、自然災害に対する備えのないところにそれが訪れると、非常に恐るべきものになるわけだ。

気候の通常の変数を検討することに話を限れば、ポリネシアの島々は、その名が発散する幸福なエキゾチシズムそのものの気候にひたっているのがわかる。緯度でいえば二〇度ほどの幅をもって分布しているにもかかわらず、全域が暑くて湿度の高い熱帯海洋性気候の下にある（もっとも南緯二八度にもなるオーストラル諸島、とりわけラパ南部では、それほどには目立たない）。ほとんどいたるところで安定した換気を保証し、しかも吹きすぎることのない貿易風が、ありがたいことに暑さをしのぎやすくしてくれる一方で、地形の起伏は山岳性の激しいにわか雨をもたらし、降水量が気候的特色の最重要の要素となる。年一五〇〇から二〇〇〇ミリにおよぶ降水量は、「風上」の斜面では相当な意味をおびている（タヒチの

	タヒチ島ファアア（風上諸島）				ヒヴァ・オア島アトゥオナ（マルケサス諸島）			
	降水量（mm）		月平均気温（℃）		降水量（mm）		月平均気温（℃）	
1月	246	*329*	27.6	*26.7*	261	*134*	26.8	*26.3*
2月	66	*235*	27.8	*26.8*	591	*126*	26.3	*26.3*
3月	270	*185*	27.5	*26.9*	306	*134*	27.1	*26.8*
4月	39	*126*	27.6	*26.7*	235	*113*	26.6	*26.7*
5月	31	*94*	26.9	*26*	425	*119*	26.4	*26*
6月	64	*65*	25.2	*25*	334	*186*	25.9	*25.5*
7月	0	*62*	25.2	*24.3*	312	*127*	25.5	*25.1*
8月	22	*40*	25.5	*24.3*	343	*101*	24.9	*25.1*
9月	123	*48*	25.6	*24.7*	167	*69*	25.2	*25.3*
10月	293	*87*	26	*25.2*	182	*89*	25.5	*25.7*
11月	254	*149*	26.5	*26*	168	*70*	25.6	*26*
12月	194	*285*	27	*26.2*	62	*99*	26.3	*26.3*
	1,602	*1,705*			3,386	*1,367*		

イタリック体は1958〜83年の平均値

タヒチ島ファアア（風上諸島）およびヒヴァ・オア島アトゥオナ（マルケサス諸島）における降水量と気温（1992年）

中央東部では年一万ミリに達する)。十一月から三月、四月にかけての暑くて雨の多い季節が、五月から十月にかけての涼しくて雨がさほど多くない季節と、交互にやってくる。マルケサス諸島では雨期は七月まで続く。どこでも年間を通して気温が高いことには変わりがない。ファアア(タヒチの気候観測所がある)での年間平均気温は二五・七度。最も暑い月である三月でも平均気温は二六・八度でしかなく、最も寒い月である七月にも気温が二四・四度を下回ることはない。マルケサス諸島では年間平均気温はそれよりわずかに高く、ヒヴァ・オアで二五・八度になる。こうしてどこでも気候は熱帯海洋性気候、ただし南よりも北のほうがより暑く、雨はより少なく、日照時間と標高によっていくらかの変動を見せる。もっともこれらの数字も、気温・湿度の図表がつねにそうであるように、人を欺く。平均値でなく特定の年の観測記録を見るならば、いま述べた一般的図式とは大きく異なった数字が出てくるからだ。降水量に与える山岳地形の影響の大きさがある以上、島の気候をどこか一カ所の観測のみで得られた数字によって評価することはむずかしい。マルケサス諸島のほうがソシエテ群島よりも雨が少ないとはいえるが、それは人間にとってはあまり具体的意味をもたない。平常年であれば、ヒヴァ・オア島の「風上」にあるアトゥオナのほうが、島の北西の「風下」に位置するタヒチ島ファアアよりも、雨がずっと少ないということはない。けれども異常な年は少なくない。「通常なら」アトゥオナには年におよそ一四〇〇ミリが降るが、一九九二年には三三八六ミリ、一九八三年には四六五八ミリの降水量があった。

風

	平均風速 (m/s)	合成風向 (1/10°)	合成風速 (m/s)	東風の頻度 (1/1000)	西風の頻度 (1/1000)	最大瞬間風速 (m/s)
タヒチ島ファアア	2.9	53	1.1	545	217	45
モルロア	6.0	88	3.0	738	175	33

降水量

	最大年間降水量 (mm)	最小年間降水量 (mm)	24時間以内での最大降水量 降水量 (mm)	間隔 (年数)
タヒチ島ファアア	2,249	940	231	11
モルロア	2,261	835	163	14

月によっても、通常の降水量に対するばらつきは、むしろあるのが普通だ。雨はだいたい激しい驟雨となって降るものだからだ。

気候のおだやかさをしめすこれらの一般的特色は、主要な気候パラメータやそれにともなう特徴的数値の年ごとの変わりやすさを考慮に入れるなら、やはり相対化して考えなくてはならない。ここではフランス領ポリネシアの一五の気候観測所のうち二つ、高い島タヒチのファアアと、低い島モルロアでの数字を見てみよう。

気候動態学的データによれば、大きく見ると、このおだやかで恒常的な印象のもとである空気塊の配置が、概して安定していることがわかる。通常、南太平洋収束帯はサモアからラパにいたる軸の上に位置している。したがって南半球の夏に、台風発生の

気温

	平均気温	最寒月の気温	最暖月の気温	最低気温	最高気温 (℃)
タヒチ島ファアア	25.8	24.3	27.0	14.9	34.0
モルロア	24.8	22.5	27.2	16.3	33.1

相対湿度

	平均値	最乾月の値	最湿月の値
タヒチ島ファアア	78%	76%	80%
モルロア	79%	77%	82%

日照

	平均年間日照	最大年間日照	最小年間日照 (時間)
タヒチ島ファアア (1957〜86年)	2,680	2,920	2,350
モルロア (1972〜86年)	2,670	2,960	2,450

大気圧

	平均気圧	最高気圧	最低気圧	瞬間最低気圧	瞬間最高気圧 (ヘクトパスカル)
タヒチ島ファアア	1,012.5	1,014.8	1,010.7	978.3	1,023.1
モルロア	1,015.0	1,017.2	1,013.2	996.7	1,027.1

気化量

	平均年間量	最大年間量	最小年間量 (mm)
タヒチ島ファアア	1,682	1,990	1,465
モルロア	1,920	2,039	1,782

J・パストゥレル『フランス領ポリネシア地図』(パリ, ORSTOM, 1993年) による.

深刻な影響を定期的に受けるのは、オーストラル諸島だけだ。とはいえ、海流や大気の循環の大規模な変化（エル・ニーニョ南太平洋変動）に比例して、南太平洋収束帯が北上し、赤道収束帯と入り交じってしまうことがある。その結果として台風が頻繁に発生すると、マルケサス諸島を含めて、フランス領ポリネシアの全体が影響を受ける。だがこうした異常が稀であるまさにそのせいで、フランス領ポリネシアを襲う台風は、たとえばメラネシアの場合とはちがって、概して危険に対する準備が不足したまま迎えられる。こうして、ポリネシアには台風が少ないにもかかわらず、相当な被害をもたらし、人びとの生存や島々での活動に問題が生じるのだ。

そのため台風は、ポリネシア人の記憶には、未曾有の自然災害として刻みつけられている。民族史研究の結果、フランス領ポリネシアの家系の系譜物語のなかには、何世紀にもわたる期間に何度も台風が到来したことが、記憶にとどめられているのがわかった。もっと現代に近い時代を考えると、水夫や宣教師たちが、こうした大災害のエピソードを実地に体験し、証言している。

たとえば一八七八年二月六日、カウクラ環礁では台風のため住民二〇〇名のうち一七〇名が亡くなった。タヒチの司教に宛てた十二日付けの手紙で、ルモワン神父は「生き残った者も死んだ者も、大混乱のうちに逃げまどいながら、島を飲みこんだ大波に沈んでいきました。無事だった家は一軒もありません」と書いている。一九〇三年一月十五日の台風は、真珠貝採集のために約一〇〇〇人が集まっていたヒクエルで、わずか数時間のうちに三七七名の死者を出した。マロカウ環礁は壊滅し、住民一八三名のうち九六名が死んだ。ナプカ、タクメ、ハオでも、少なくとも住民の一割が行方不明になった。一九〇六年三月八日にはアナアの約四五〇名の住民のうち九五名が一日足らずのうちに死んだ。高い島も被害をまぬかれるわけではない。パペエテでは一九〇六年二月八日、三三七軒の家が壊滅した。町の半分だ！

二十世紀初頭のこうした殺人台風に続いて、一九八二年十二月から八三年四月にかけてフランス領ポリネシアを襲った五つの台風は、二十世紀最悪の被害をもたらした。一月のナノ（台風の名）、二月のオラマ、三月のレヴァ、四月のヴェエナとウィリアムは、マルケサス諸島付近、南緯九から一〇度で発生し、ついで台風の危険が非常に少ないということになっているトゥアモトゥ諸島およびソシエテ諸島東部で発達した。これらの台風によってとりわけ被害をこうむったのはトゥアモトゥ東部で、いくつかの島では全島が避難しなくてはならなかった（たとえばヘレヘレトゥエ）。一〇から一五メートルの高さの大波が打ち寄せ、東部の環礁群の大部分でいくつかのモトゥが完全に流失し、いずれにせよ住居の被害がなかった島はなかった。アナア環礁は二月のオラマ、そして三月にはレヴァの通過により、二度にわたってきびしい試練を受けた。二月二十二日には、台風時の高潮に加えて時速二〇〇キロメートルの暴風が吹き荒れ、島の北東部の家々が水没し、人びとは教会に避難したものの、その屋根の一部が吹き飛ばされた。数時間のうちに村の九五パーセントが破壊され、ココ椰子畑は全滅した。もはや農園はあとかたをとどめず、公共施設――滑走路、波止場、役場、学校、病院――もなくなってしまった。

二ヵ月後、四月十日には台風ヴェエナが時速二〇〇キロメートルを超える暴風と九メートル以上の高波をもって、ティケハウ、マタイヴァ、ランギロアの環礁を襲った。この台風は四月十一日および十二日には、すでに三月十二日の台風レヴァで甚大な被害をこうむっている、タヒチおよびモオレアに達した。合計で四〇〇〇軒の家屋が被災し、うち二四〇〇軒は全壊。一六の教会、一〇の学校、五つの役場も被災した。数ヵ所で道路と橋が流失し、電線・電話線も破壊された。五〇隻ほどの小舟が流された。

こうした荒々しいエピソードは、島々のもろさを思い起こさせてくれる。ところで被害を受けるのは人間の作った家屋や施設だけではない。環礁では、打ち寄せる波がモトゥの姿を大きく変えてしまう。地表の植生や土地の数々の動物たちが破壊されるのみならず、環礁の外側斜面はもっぱら力学的に、深さ二〇メートルまでが損害をこうむり、さらには雪崩効果によって少なくとも水深八〇メートルまでが間接的被害を受ける。ラグーンではその生活圏が根本的に攪乱され、ときには完全な破壊にゆきつく。高い島では、破壊は海からというよりも（もちろん島の「風上」地域ではそれは重大でありうるが）降水と地形のせいで強まった暴風によってもたらされる。風は、風下の斜面ではフェーン現象を起こす。増水のせいで水の流れが、とくに河口付近で変わり、内陸部では大きな樹木が根こそぎ倒れ、局所的に土砂崩れを起こすこともある。

2　熱帯の豊潤さ、生命のもろさ

生物についても、逆説は明らかだ。ポリネシアの島々にはじめて出会うと、おびただしい装飾的な植物や豊富な果実、鳥の歌などに、目をみはらずにはいられない。ラグーンをはじめて探索してみれば、この驚きはさらに深まる。しかし注意深い観察者ならただちに、鳥はいつもおなじ種類であり、美しい植物も大部分は移入されたもの、そしてラグーンの海底は実は生命に乏しいことに、気づくだろう。さらに探索を島の内陸部にむかって続けると、植物の種類そのものがさほど多くなくて、動物が奇妙に不在であることを発見するはずだ。

インドネシアやフィリピンの海には、貝類がおよそ一万種もいる。しかしニューカレドニアでは六〇〇〇種にすぎず、フランス領ポリネシアでは一五〇〇種しかいない。世界的に見ると、珊瑚礁のある海に住む魚はおよそ四〇〇〇種におよぶ。それがフランス領ポリネシアでは八〇〇種を超えることはなく、インド洋・太平洋の他の地域にくらべると、ごく少ない。局地的に見ると、ソシエテ諸島の高い島では植物の種類が六〇〇以上に達するが、トゥアモトゥの環礁では八〇種にみたない。ニューギニアでは植物種が五〇〇〇以上、ニューカレドニアでは三五〇〇。けれどもフランス領ポリネシアでは一〇〇〇にすぎない。タヒチではこれまでに昆虫が六二五種しか確認されていないが、オーストラリアでは五万種以上だ。フランス領ポリネシアでは、純粋に地上性の脊椎動物のほとんどは地上性の爬虫類だが、それにしたところで一〇種しかいないのだ！

鳥類について見ると、陸鳥では、ここに定住する種の少なさ（三〇種）と、固有種の少なさが目立っている。陸鳥のうち渡り鳥は個体数が少なく、種類も限られている（一三種）。定住する海鳥のグループは、熱帯太平洋の最も多様で豊富な鳥たちだといえるが、それでも種類は二七種しかいない。個体数も海上での分布もよくわかっていない海鳥の渡り鳥も、やはり種類は少ない（二〇種）。

こうした比較は、あらゆる目《もく》の生物についていえる。すべてに見られる共通点として、フランス領ポリネシアでは、種の数の少なさと固有性の強さがある。種の少なさは、ポリネシアの島々がインド・太平洋の動植物の分散の中心から離れていることと、海流が太平洋では一般に東から西に流れていることに由来する。ラグーンや海の生物については、大陸塊から遠いために河川が運ぶ通常の栄養素が海面近くの海水に供給されないということと、あるいはまた泥底や有機物の豊富なマングローヴがないために海水が栄養に乏しいせいもあって、種の少なさはいっそうひどくなる。この貧しさはまた高い島の年齢が非常に若く、環礁はそれよりさらに若いためでもある。何しろ環礁は、まだ海面上に出現してから数千年しか経っていないのだ。

こうして見ると、種といえば固有種であること、またある土地について見ればそこには一種類しか見られないということが、一般的な規則となる。そのせいで、現在暮らしている種は他の種の侵入や移入にきわめて敏感だということが、これもやはり生物のあらゆる目《もく》についていえる。こうして、高い島では、自然の植生は常緑樹林によってできていた。それがこんにちでは、ほとんど何も残っていない。実際、「最近になって到来したヒトが、植物的景観を深く変えてしまった。森を切りひらき、火をつけるといったポリネシアの過去の痕跡に加えて、次第に成長してゆく町があり、すべてが一丸となって、環境の根源的変容や外来植物の移入にむすびつく。標高の低い部分、つまり居住と耕作のゾーンである、海岸平野、大きな谷間への入口、山地のはじまりといった辺りが、最初に侵略を受けた。ついで、もっと標高の高い部分が植民された。タヒチにはまた数種類の「厄介者」の植物も入りこみ、いまだにそれをまぬかれているように見えるのはいくつかの湿潤な森だけになっている。マカテアでは、一九〇八年から六六年まで続いたリン酸石灰の採掘が、高原の風景を一変させてしまった。ごく低くて接近の容易なルルトゥでは、その植生の大部分が変えられてしまった。ヌク・ヒヴァの植物はすでに二次的なものであり、より湿度の低い気候に放牧がむすびついて、風景が変わった」（J・フロランス『フランス領ポリネシア地図帳』、パリ、ORSTOM、一九九三年）。こうした環境が外来種の移入にきわめて敏感であることは、タヒチへのミコニアの移入が物語っているとおりだ。

「一九三七年、スミスとブベがパペアリとタラヴァオに観賞用メラストマタセア、学名ミコニア・カルウェセンスを導入した。これが半世紀のうちに、これらの土地から二つの侵入ルートをたどって、島の標高の低い部分から中くらいの部分にかけての、水の多い土地全体にひろまったのだ。一九八三年の台風が、このパイオニア的な種に好都合な生態学的ニッチを拡大し、それ以後、繁茂はとどまることを知らない。現在、島には北西部を除いて、全体にミコニアがひろがっている。ミコニアのあるところ、他の植物種は光の不足と、その繁殖力の旺盛さ（一平方メートルあたり一万個以上の種子）に負けて、消えてしまう。

ミコニアは同様にソシエテ諸島の他のいくつかの島々も制覇した。モオレアでは、引き抜いて根絶することは不可能になった。ライアテアでは、まだこの方法にも可能性がある、というのは、やられているのは二つの小さな谷間だけだから」（同書）。

動物については、二つの例だけをあげておこう。地上に住む軟体動物のうちパルトゥラ属（小型の草食性カタツムリ）がポリネシア、とくにモオレアで見られるのだが、これはその遺伝的複雑性のために科学的に非常に興味深い種だ。ところが、一九七〇年ごろのアフリカ大カタツムリ（アカティナ・フリカ）と、その捕食者であるエウグランディナ・ロセア（肉食性カタツムリ）の導入によって、近年パルトゥラの個体数は激減している。タヒチの鳥類の種類としては、外来種（一二種）と固有種（一二種）が同数いる。一世紀足らずのあいだにやってきたこの新しい鳥たちのおかげで、土着の鳥たちは次第次第に後退を余儀なくされている。こうして多くの観光客がこれぞタヒチの鳥と思いこむのは、モルッカ原産の黒歌鳥《メルル》なのだ！

環礁では、生物界にもたらされた変更が、少なくとも陸上を見るかぎり、おそらくもっとはっきりしている。ティケハウ環礁で見られる一六五種の植物のうち、人間が導入しなかったのは四三種にすぎない。こうして、新たな種の導入ならびに、こんにちモトゥの地表面積の少なくとも八〇パーセントを占めるココ椰子農園の発達が、人間の介入は比較的最近のことにすぎないにもかかわらず、固有植物種が消滅し、またはその大部分が稀少種になってしまったことの、原因なのだ。

3 もろく、限定された生態系

もろさをもたらす気候上あるいは生物地理的な諸要因に加えて、ポリネシアの島々の小ささがはたす役割も考慮に入れなくてはならない。これはそれ自体、輸出可能な自然資源の乏しさの原因となる。それに島の若さも、鉱物資源がほとんどないことの原因だ。深海平原の金属団塊は、さしあたっては利用不可能であるうえに、フランス領ポリネシアの経済水域内はこの点あまりゆたかではないようだ。唯一の鉱物資源といえば、いくつかの環礁に埋もれているリン酸石灰があるだけ。しかし、本当のところ、この資源は相対化して考えなくてはならない。マカテア環礁にはリン酸石灰があったが、それは一九一一年から六五年のあいだにすっかり掘りつくされた。その間に一一〇〇万トンが掘り出されたのだ。リン酸石灰があるかもしれない他の環礁（カウクラ、ニアウ）については資源調査すらあまりなされていないし、住民たちはそれに反対している。よく調査されているのは、マタイヴァ環礁の鉱脈だけだ。そこでは一五〇〇万トンほどが産出可能なのではないかと思われるが、現在の技術をもってすればそれは一二年ほどで輸出しおえる量だ。ところがリン酸石灰の現在の産出量は過剰気味で、環礁の人びとは鉱山開発に反対している。

リン酸石灰の例は、たとえこれらの島々に自然資源があったとしても、それを古典的な方法で開発する際にぶつかる困難をしめす、よい例となっている。実際、これほどに小さな島々では、場所が限られているために、ある資源の開発は必然的に別の資源の開発を妨げる。たとえば農業開発は、土地の他の用法とのあいだに葛藤を生む。そのためモオレアでは最近、島の農業用の谷間の一つにおけるゴルフ場の造成計画が、観光産業のためにはぜひ欲しいものであるにもかかわらず、住民投票によって否決された。ラグーンの縁でのホテルの建築は、珊瑚礁の破壊を引き起こす。それがこんどはラグーン内での生物の生活圏を破壊する。それこそが、観光客を引き寄せる、最大の売り物であるというのに。乏しい自然資源の利用をめぐる葛藤は、人口の増加とともに次第に頻繁に起こるようになっており、いつも平和な解決策が見つかるわけではない。

絶対量が限られている生物資源の利用も、やはりまた危険なしでは進めることができない。たくさんの種がすでに二十世紀のあいだに絶滅し、別のたくさんの種は厳密に保護されているものの、島々の分散ぶりと海洋生物の監視のむずかしさのせいで、保護は必ずしも成功していない。小さな生態系での資源開発に内在する危険の最良の例は、真珠母貝の歴史に見ることができる。黒真珠を産出するこんにちでは、フランス領ポリネシアの最大の資源であると考えられているものだ。

ポリネシア人によって伝統的に装飾として、また釣りのルアー作りのために使われてきた真珠母貝（ピンクターダ・マルガリティフェラ）は、十九世紀初頭以来、おもに北西トゥアモトゥ諸島とガンビエ諸島を通過する船舶によって、熱心に求められてきた。この取引はやがて急速にパペエテで行なわれるようになり、真珠は主要な輸出産品となった。この開発は一世紀半にわたって続くが、やがて一九七〇年代になると、自然資源としてはほとんど枯渇する。潜水会社はいくつかの環礁に一〇〇〇人以上の人間を集め、採集地に一時的な村というほかないものを作り上げてしまった。これは環礁の陸地環境を悪くさせないはずがないし、数々の衛生問題を生むことにもなった。一方で、もともともろい自給経済に、この季節労働が大きな影響を与え、それを放棄させるにいたった。真珠母貝の最初の大規模な輸出は、一八〇二年に契約された。十九世紀前半のあいだ、採集は集中的に行なわれ、わずかに残された統計的データは、一八三九年に九〇〇トンという輸出量の記録に達したことをうかがわせる。その時代から、ラグーン内の資源枯渇が最大の懸念事となった。一八六八年、アナアのラグーンは枯渇したと見なされ、五年のあいだ採集が禁止された。採集の最後の半世紀では、一九二九年の世界恐慌によって隔てられた、二つの大量産出の時期がはっきりとわかる。年間産出量は多かった（八〇〇トン、ついで七〇〇トン）。一九〇〇年の時点で、四七のうち三〇のラグーンでまだかなりの量が産出していたのに対し、その半世紀後には、いい産地だといえるのはガンビエ諸島となり、ラグーンの半分以上で資源は枯渇、あるいは枯渇間近だとされた。一九六〇年以後、産出量は急速に低下し、七〇年代には一〇トン以下になってしまった。

こんにちのポリネシアにおける最大の問題の一つは、このようにもろく限界のある環境を、しかもすでに大変に衰えた状態から、いかに管理してゆくかということだ。

この文脈においては、人間が住む環境をいかによく運営していくかということが明らかに大切だし、そのためにはその基本的特徴をよく理解しなくてはならない。

第二章　人間の空間

ポリネシアの空間への人間の住みこみ方の基本的特徴は、こんなふうに要約することができる。移住の年代が新しく、比較的人口が少なく、交易ネットワークをもちつつ伝統的に分散していたのが、現代では集中し、過去三〇年に人口が爆発的に増大し、都市化が加速し、中央と地方との格差が大きくなった、と。ここに見られるのは、最近になって近代世界に合流した周辺地域によくある特徴だ。事実、ポリネシアの風景には、伝統的な生活の特色と、それとは正反対の近代的特色が、重なり合っているのがわかる。それぞれに互いにまったく異なった空間の組織と土地利用法があり、そのため経済的・社会的・文化的葛藤はまぬかれない。

I　人類の到来は遅かった

1　太平洋東部の島々に最初に住みついたポリネシア人

現在のフランス領ポリネシアを構成する島々への人びとの住みこみ方を見ると、いまでも遠さと孤立が感じられる。人が住むようになった年代が新しく、人口は少ない。これは北にハワイ諸島、南東にイースター島、南西にニュージーランドを三つの頂点としてできあがる「ポリネシア大三角形」の、どこでも同様だ。ポリネシア人の起源の土地が南アジアであることは、言語学的・考古学的な数々の証拠が一致してしめすことから、いまでは広く認められているようだ。ポリネシア諸言語は大きくいってオーストロネシア語群に属するが、この語群では西から東へと関係のある言語が連なっている。またおなじように、ポリネシアにおいては、サツマイモ以外の栽培植物と各種の家畜が、東南アジア原産であることがわかっている。そして最後に、オセアニアの人間集団には、西から東へと少しずつ、道具類一式にせよ、作物の栽培の仕方にせよ、重要な文化的類似性が見られるのだ。だからといってこれは、変化しながらポリネシア東部でヨーロッパ人の到来以前からサツマイモが栽培されていたことがしめすように、南アメリカ大陸との直接の接触と、相反するわけではない。

しかしポリネシア人が、アジアから直接来たのだと考えてはならない。南太平洋の島々への人びとの移住は、一万年、二万年をかけて連続的な波として行なわれたのだ。オーストラリアには、その南部を含めて、少なくとも四万年前から、ひょっとしたらそれよりずっと以前から、人が住んできたことが、こんにちではわかっている。オーストラリアへの人の移住はその後、東にはひろがらず、オーストラリアの諸言語はオーストロネシア諸言語とは別の一グループを形成している。おなじように、ニューギニアおよびビスマルク諸島への最も早い移住が少なくとも二万五〇〇〇年前にさかのぼれることだとしても、パプア諸語もやはりもう一つの、別のグループだ。おそらく、太平洋の島々への移住が行なわれたのは、一万年前と西暦のはじまりごろの、あいだのどこかの時代なのだろう。考古学的な発掘地自体が少なく、また炭素同位法による年代測定に使える材料はいっそう少ないにもかかわらず、太平洋地域への移住の跡は、西から東へとたどることができる。しかしながら、考古学的証拠から推測できるのは、征服の波というかたちでの移住ではなく、島々のネットワークが次第に東に進んでいったというイメージだ。こうして、メラネシアの主要な諸島、サロモン、ヴァヌアツ、ニューカレドニアには、八、九〇〇〇年前に人が住みはじめた。一方、メラネシア東部への移住はせいぜい三、四〇〇〇年前にしかならない

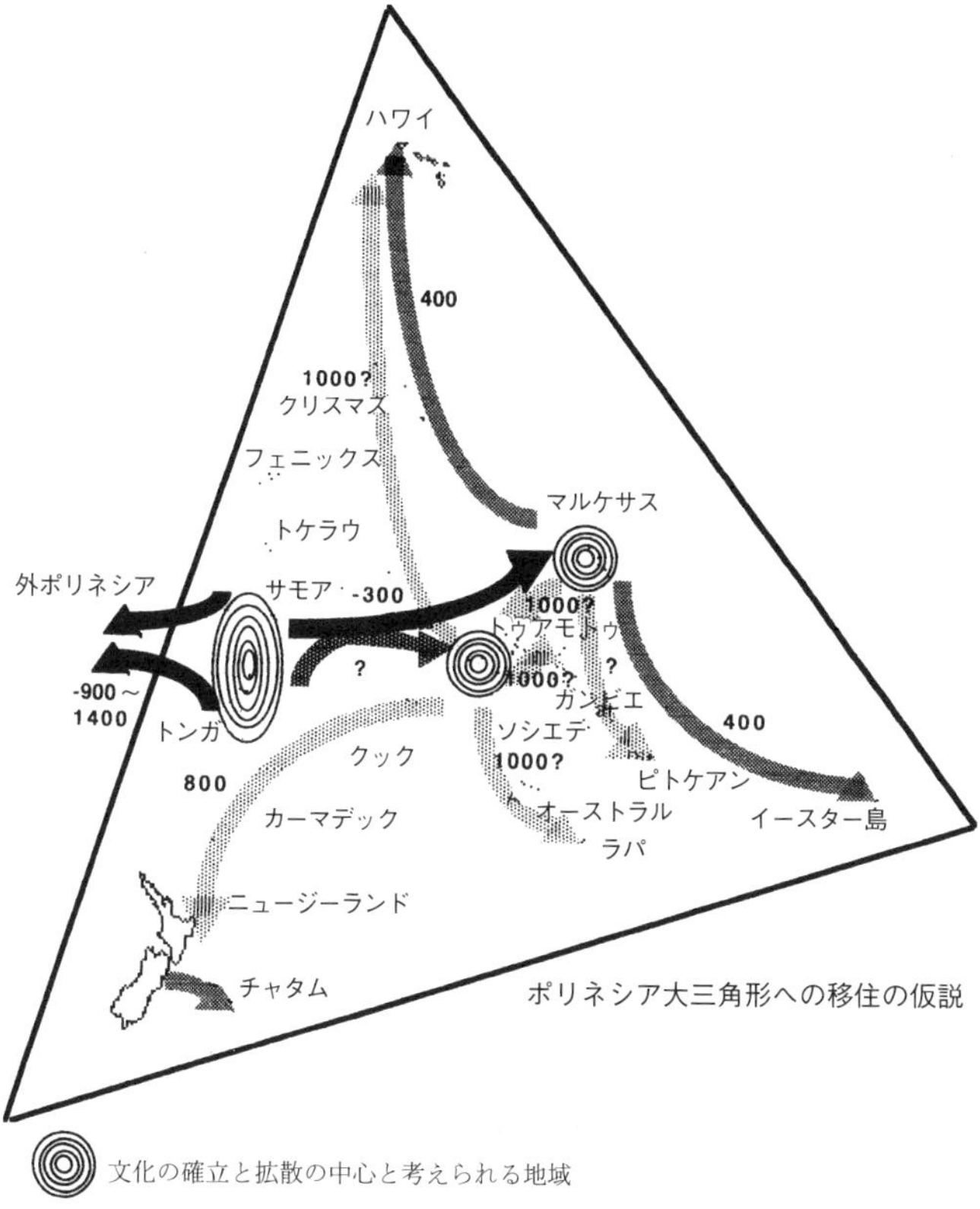

◎ 文化の確立と拡散の中心と考えられる地域

太字の数字は移住の推測年代

移住の図式

ようで、ミクロネシアの島々やポリネシア西部、サモアやトンガの場合もおなじくらいだ。このサモアおよびトンガから、西暦のはじまりごろ、ポリネシア大三角形への移住が、まずはポリネシア中央部にむかってはじまった。まずマルケサス諸島に、ついで（ライアテアをポリネシア人の分散のもともとの中心とする伝説を信じるなら）ソシエテ諸島に。そこから、千年紀の前半のあいだに、前頁の図がしめすようなかたちで、近隣の諸島が植民されていったのだろう。

現在のフランス領ポリネシアについていうと、わかっているかぎりでは、ソシエテ諸島とマルケサス諸島は人が住みはじめて二〇〇〇年しか経っておらず、オーストラル諸島とトゥアモトゥおよびガンビエ諸島にいたってはせいぜい十世紀ごろまでしかさかのぼれないようだという点に、注意しておこう。同時にまた、これらの諸島相互に、そしてまたポリネシアの大三角形の他の島々とのあいだに、早くから交流のネットワークがあったことは強調しておくべきだろう。ヨーロッパ人発見者たちの初期の情報提供者には、たとえばクック船長に情報を教えた有名なトゥパイアなどがいるが、かれらは現在のフランス領ポリネシアのさまざまな諸島の島の位置を知っていたのみならず、サモア、トンガ、クック、ワリス＝フトゥナ、ハワイ、そしてニュージーランドの位置もよく知っていた。第一章ですでに見た「孤立」というイメージは、したがってごく慎重に扱わなくてはならない。

2　充満した世界

さらにいうと、ヨーロッパ人航海者たちによる発見の時代、現在のフランス領ポリネシアの島々は、こんにちにくらべて人口がより多いとまではいわなくても、少なくともおなじくらいはいたようだ。

タヒチの人口推計が最初に行なわれたのは、ごく初期の探検航海の時代のことだ。観察者は誰もが、相当な数の人間が住んでいることに衝撃をうけた。その最初の人物は、ワリスの副船長だったロバートソンで、一七六五年にタヒチの人口を一〇万人以上と報告している。一七六九年、最初の航海を終えたクックも、およそ九万人という、似たような数字を述べている。とするなら、一七七四年にクックがはじめて統計的データから推計した数字のほうは、どう考えればいいのだろう。モオレア遠征のためにマタイヴァイ湾に集結してカヌーに乗りこんだ戦士たちの数から、ジェームズ・クックは島全体の人口を二〇万四〇〇〇人とする数字を出しているのだ。わずかその三年後、三回目の航海の際には、クックは新たに八万人ほどではないかと推定しなおした。こうした数字、とくに一七七四年のクックの数字を、多くの人びとが批判してきた。またスペイン人航海者たちの推計にしても、かれらはタヒチ島にはじめて定住したヨーロッパ人だったにもかかわらず、あまりに少なすぎるように思われる。八〇〇〇人から一万二〇〇〇人だというのだ。これに対して、バウンティ号の叛徒の一人であるモリソンが一七九〇年ごろに唱えた、島の人口は三万人という数字は、捨て去るべきではない。それは島の発見後、二五年を経た時点での数字なのだ。全体として見ると、人口は七万から九万人のあいだと、幅をもたせて考えておくべきだろう。それなら一平方キロメートルあたり七〇人から九〇人の人口密度だということになり、それはたしかに高い数字だが、ラグーンや海の資源採集とオセアニアに典型的な丁寧な作物栽培をもってすれば、やしなえる程度のものだ。

こうした数字を、おなじ時期のマルケサス諸島の推計とくらべてみるといい。こちらも、早くからヨーロッパ人とのつきあいが生じた島々だ。最初のヨーロッパ人の到来は一五九五年、メンダーナに率いられた一隊だが、かれらが発見したのはこの諸島の南東の小さな島ファトゥ・ヒヴァだけであり、滞在は短すぎて人口を推計するどころではなかった。それでもメンダーナは、オモア湾で、七〇隻の丸木舟に分乗した四〇〇人の戦士を見た、と報告している。こんにち、この島には五〇〇人足らずが住んでいるだけだ。一七七四年、クック第二回の航海のとき、南部の三つの島（当時ヨーロッパ人に知られていたのはそれだけ）の人口を、五万人と推定していた。それから考えると、島々全体の人口は一〇万人程度ではないかと推測できる。この数字なら、二五年後の一七九八年にクルーク司祭が出した九万五〇〇人という推定数とも合う。両者のあいだには、一七九一年のマルシャンとイングラハムを除いて、ヨーロッパ人は訪れていない。一八〇四年のクルーゼンシュテルンの観察によると、この諸島の人口は十九世紀はじめの時点で四万から五万人のあいだだったのではないか。最後に、一八一七年、ポーターによる二〇万人という推計があったことも述べておかなくてはならないが、これは明らかにあまりにも数字が大きすぎる。

これらすべての推計のどれが正しいと、即座に判断することは不可能だ。けれども人口密度から推論すること、こうした推定人口が仮定している人口密度を計算することは、できる。このためには、島の居住可能な面積ならびに、すでに論じた総面積に立脚すればよい。まず、参照用の面積として、タヒチの総面積一〇四三平方キロメートル中の居住可能な土地面積一五〇平方キロメートルを見ることにする。二〇万四〇〇〇人という人口の数字を受け入れるならば、一平方キロメートルあたり一三四〇人の人口密度を有することになり、どうにも多すぎる。人口八万人という数字をとれば、一ヘクタールあたりの人口が五・三人。一家族あたり五、六人の住民が、一軒ごとにおよそ一ヘクタールの土地を、集中的な自家消費用栽培によって暮らしてゆくために使っているという状態を想像することができるが、これは受け入れられる仮説ではないだろうか。おおまかにいって、ヨーロッパ人到来期のタヒチには七万から八万人が、同時期のマルケサス諸島には四万から五万人がいたと考えておくことにしよう。もちろん、これが概算でしかないことは、明言しておく必要がある。

その他の島々については、情報がそれ以上に、残酷なほど不足している。その多くには人がそれほど訪れなかったし、いくつかの島々は十九世紀なかばまで発見されていなかったのだ。モオレアについて、フォースターは一七七四年に、この島の面積をタヒチ・ヌイ（タヒチを構成する二つの火山島のうち大きなほう）のそれの四分の一だとしたうえで、人口を二万人以上とする数字を出している。一ヘクタールあたりの人口が五・八人とすれば、発見時の島の総人口は一万三〇〇〇から一万四〇〇〇人となるだろう。風下諸島については、一八三四年、ロンドン・ミッショナリー・ソサエティが行なった最初の調査以前のことは、まるでわからない。この調査では人口六一〇〇人とされたが、この諸島のすべての島で調査が実施されたわけではない。オーストラル諸島がフランス領になったのは十九世紀末で、数多くの捕鯨船によってさんざん荒らされたあとのことだった。一八二〇年以後、不規則的にそこに滞在したイギリスの宣教師たちによって出されたいくつもの推計から（バウンティ号の叛徒たちはトゥブアイ島に滞在したものの推計を出していない）、保証のかぎりではないけれども、オーストラル諸島全体で三〇〇〇から五〇〇〇人という規模の人口がいたと考えることができる。トゥアモトゥ＝ガンビエ諸島は、分散し、訪れるのがむずかしいことから、長いあいだその人口についてはまったくわからないままだったということも説明がつく。それでも、十九世紀なかば以後については、フランス政府が集めた情報がある。それによると、諸島全体の人口は五〇年にわたって驚くべき安定性を見せているのだが、個々の島を見ると時期によってひどく数字が変わっていて、人びとの空間的移動が非常に大きかったことの証拠となっている。この文脈で、発見の時期の一万人という数字を思い出すといいだろう。最後に、一八二八年にカトリック宣教師たちがやってきたトゥアモトゥの南東にあるガンビエ諸島には、一八三五年ごろの時点で、二四〇〇人が住んでいた。

ヨーロッパ人の到来のころ、二つの主要な諸島における人口状況は、地理学者の目には飽和した世界であると見えた。全体として見るなら、若くして死ぬ可能性の非常に高い社会、出生数は多いが乳幼児の死亡率が高く、早く年をとる社会を想像しなくてはならない。けれどもそれはまた、ゆっくりと発展し、人口の実数が多くて人口密度も高い段階に達した、しっかりした実質のある社会なのだ。発見者たちの物語が、島の人びとの居住空間について語っている描写が、それを証言している。そこからはまた、島々への人の住みこみ方の均質性、島ごと諸島ごとの伝統的な空間構成が、考古学遺跡からわかるとおり、土地ごとの条件による小さなちがいを超えて、比較的似かよっていることもうかがえる。

3　伝統的な空間組織

(A) 高い島の場合——ヨーロッパ人到来以前の世界が飽和した世界だったという印象は、単に数字によるのではなく、空間の伝統的な組織の仕方のせいでもある。町や村といえるほどのものは存在しなかったようで、海岸沿い、あるいは谷間の奥へと、家々が分散して、ずっと続いていた。屋敷はいくつかの建物（眠るための、料理のための、食事のための、男たちの、女たちの、来客のための）と、豚小屋やカヌー倉庫を共有していた。こうした諸要素に加えて、自家用の畑や、食糧・工芸・文化活動に役立つ樹木、そしてそれだけではなく装飾用の木々や生け垣も付随していた。「ポリネシア三大動物」とは豚以外に犬と鶏だが、これらの家畜が屋敷の庭を走りまわっていた。こうした配置は、もちろん現代的なさまざまな素材によって外見を変えてはいるものの、現在のポリネシアでも見ることができる。山々にも人は住んでいたが、どうやら定住ではなかったか、海岸地帯の経済空間を経済的・社会的に補完するようにして使われているようだった。山は三重の機能をはたしていたと思われる。資源を得る場所として（木、果実、動物）、逃げ場として（海岸の人間が紛争によっておびやかされたとき）、そして若い貴族階級の子弟「アリオイ」の一団のための聖域あるいは通過儀礼の場所として。このアリオイのグループは山で集団生活をしていて、祭りや成人期への移行の儀式に参加するときがくるまでは、山を降りなかった。

近接する屋敷同士はより大きな社会集団「マタエイナ」に属し、それぞれが領土「パトゥ」をもっている。マタエイナとは、一つの血統「アティ」に対応するもので、その存在は礼拝場「マラエ」により実体化する。これはいわば屋外寺院のようなもので、石の祭壇があることを特徴とし、そこで神々ならびに神格化された祖先が召喚される。マタエイナがいくつか集まって地区「フェヌア」になり、これを貴族「アリイ」である首長が治める。アリイたち自身、他のさらに上位のアリイに従属することもあったが、ヨーロッパ人の到来以前には、どの島にも完全な統一はなかったようだ。こうして各自が、自分はここと分かちがたくむすびついているのだと感じられるような空間への所属は、こんにちでも、共同体や島に対する個人の非常に強い所属感覚として見られるし、首長に対する愛着というかたちでも見ることができる。首長というのはこんにちでは市町村長だが、かれらは選挙になると、たとえ他の市町村に対する全般的影響力がごくわずかか、あるいはまったくない場合でさえも、地元では驚くべき票を集めるのだ。とはいえこうした社会空間的統合性は、こんにちではもっぱら、まったく異なった性格の道路が整備されたために、おびやかされている。海岸線を走る、島一周道路のせいだ。この道路が居住地区や産業の構造を、都合がいいように変えてしまったのだ。こんにちでは海岸地帯だけが人間の居住地であり活動の場となっている（もちろん海岸平野のある島に限られる）が、伝統的には海岸地帯とは、一方でラグーンと海との、また他方では谷間と山との、交通を許す接合部として、考えられるべきものだった。高い島では、こうして個々のフェヌアは、海・環礁・ラグーン・海岸を少しずつ含み、一つあるいはいくつかの隣り合った谷間や山の一部を含みつつ内陸へと延長されてゆく、円の一部分であると考えることができる。こんなふうに切ったパイのかたちをした空間のなかで、家々は海岸から山にむかって、社会的勾配を逆にたどるようにして分布している。すなわち、海のそば、とくに半島や岬での暮らしを楽しめるのはもっぱら首長だということは、既定事実のように見える。この分布は、とくにタヒチではいまでも衝撃的なまでの対比となっていて、山側タヒチと海側タヒチのちがいという言い方が、よくされる。

海沿いの土地は価格が高く、谷間の奥には最も貧しい人びとが暮らしている。それでも人口増加の圧力は、最富裕層によるタヒチ都市圏の溶岩台地の造成をもたらしたが、この家々はいずれも海かラグーンが見えるように建てられているのだから、これはむしろ岬に類するものとして考えるべきだろう。したがって現在の風景のなかには、ヨーロッパ人到来以前のポリネシアの本質的特徴が残っているわけだ。たとえ、ヨーロッパ人による発見後の変動の激しさのせいで、それが見えにくくなっているとしても。

これに対して、この点はあとで数字を見るが、ポリネシアのゆたかさという神話を生むもとにもなった地元の資源の開発、自給自足経済は、事実上姿を消してしまった。そんな経済が、異なった種類の動植物を合理的かつ巧妙に利用し、もろくまた限られた環境で満足して生きることに根ざしていたことは、すでに見た。その最も有名な例はココ椰子の木で、根から葉にいたるまであらゆる部分が何かに使える。陸の動物が少ないために、ラグーンならびに海での漁が、必要な食糧の大部分をまかなった。厳密な意味での農業は限られていて、むしろ自家消費用の作物栽培という程度のものでしかなく、塊茎類を作った。初期のヨーロッパ人を驚かせたのは、実は採集できる資源のゆたかさだった。数多くの塊茎類や野生の根菜が利用され、また山々のバナナ類も食べられた。とりわけパンノキは、魚とともに食糧の土台をなし、またココ椰子とおなじく他の用途にも役立った。パンノキつまり「マイオレ」は、まさにポリネシア文明の伝統的な食糧棚だといってよく、これを所有することはグループの持続を保証する、きわめて大切なことだとされた。このような愛着は、採集・消費が禁止される期間「ラフイ」が何度もあることと並んで、ポリネシアのゆたかさというのがつねに相対的なものだったことを思わせる。環礁における陸地やラグーンという環境の支配もまた同様、そんな相対性と、与えられた環境で満足してやってゆくという人間の知恵を教えてくれる。

（B）環礁で——環礁に人が住みついた時代は新しいにもかかわらず、人間による環境の作り替えは、すでに相当なものだ。すでに見たように、人間は動植物を導入した。植物としては、食べられる植物、すなわち長いあいだ栄養の基礎をなしてきたパンダヌス、タロ、パンノキ、ココ椰子、カヴァ、ピア（アロールートに似た塊茎）があり、またおそらくは環境条件に合っていないことがわかって消えていった他の種もあったにちがいない。環礁の最初の住人たちは、哺乳動物も連れてきた。それ以来、犬とネズミは数を増やしてきたが、その陰では土着の動物、とりわけ鳥類が犠牲になり、鳥類はまた直接パウモトゥの人びとによっても食べられた。

先史時代——すなわちヨーロッパ人到来以前ということだが——の移住についての考古学的遺跡、そして古代の伝説や物語から知りえたかぎりのことは、限定され拡散した移住を証言しているが、そこにはまた空間の伝統的組織化をめぐって、いくつかの注目すべき特色があるのもわかる。事実、本格的農業の明らかな痕跡が見つかったのはごく最近のこと（とりわけＯＲＳＴＯＭ／ＣＮＲＳ所属のＪ＝Ｍ・シャズィンの仕事）でしかなく、またその一方では同時期に、地上に見られる儀礼用施設の跡は、人がはじめそう信じていた以上に重要で興味深いものだということがわかった。考古学的調査によって、モトゥ表面に、何千平方メートル、それどころか何ヘクタールかにわたって、土地をいじった痕跡がひろがっていることがわかったのだ。地面に溝が掘られているこの土地は、現在ではココ椰子の林になっているのだが、かつてここで農耕が行なわれ、それは消滅したのだということをしめしている。それは溝の底に腐葉土が厚く堆積していて、周囲の固結岩屑土とは明らかにちがっていることからもわかる。溝は凹みを並置してゆくことでできているのだが、凹みの大きさやかたちは、実にさまざまだ。長さは一〇メートルほどから、ときには一〇〇メートル以上に達するところもあり、幅は四メートルから最大四〇メートル。高低差は二から五メートル、あるいは八メートルにもなる場合があるが、モトゥの表面はほとんど平らだ。宣教師たちが到来したころ、この溝はまだ使われていた。宣教師たちは、ときにはそれは「穴ぼこで、そこで土着民たちはシャンペンの栓ほどの大きさのみじめなタロをわずかに育てている」と記していた。とはいえ、ここでいう「穴ぼこ」を見るなら、大きさは五〇から一五〇〇平方メートルもあり、現地で入手できる材料（骨、真珠貝の殻、木、石灰化した珊瑚）だけを使って、珊瑚礁の基層全体にわたって掘られているのだから、宣教師のそれほどにも貶めるような言い草には、驚かずにはいられない。

二十世紀はじめには、この溝を使った栽培はすでに廃れていて、年老いて貧しい暮らしをしている数人が実践しているにすぎなかった。こうしてあらゆる点から見て、地元での自給自足的食糧生産は、いくつかの「残存的な小島」を除けば、二十世紀はじめにはすでに消滅への道をたどりはじめていた。この消滅は、一九〇三年から六年にかけての一連の台風のおかげで加速された。その理由は、溝のある地帯が高潮で水没してしまったからというよりも、村が他の場所に再建され、ココ椰子の単一耕作がひろまり、パウモトゥも貨幣経済に組みこまれてしまったからだった。小麦粉、米、砂糖、油、缶詰肉といった「必需食料品」が大量に輸入され、耕作用の溝は決定的に捨てられた。

これらの考古学調査の大きな教えの一つに、パウモトゥの人びとが自分自身に対していだくイメージ、そして他の人びとがかれらに対していだくイメージを、変えたということがある。かれらの祖先は、それもほんの数世代前まで、農業を行なっていたということだ。かれらは、島の乏しい資源を最大限に使えるよう、非常に正確で巧妙な技術を完成させていたのだ。かれらは陸の生活環境とのあいだに、土壌を疲弊させることも汚染することもなく作物を育てることを可能にする、密接な関係をむすんでいた。

また、環礁での耕作用の溝の分布を見ると、おなじ環礁のなかでも小集団ごとにあちこちのモトゥの上に分散して住んでいたという、古い社会組織についてわかっていることと一致している。パウモトゥでは「アティ」と呼ばれ、しばしば「部族」と訳されているこの小グループは、経済的にはほとんど自給自足で暮らしつつ、グループ相互のあいだで強制的な外婚制を実施している、長く続く家系によってできている。かれらの生活のために必要な労働と生産力を端的に表わす、タロ栽培の溝の規模もまた、アティごとに三〇人から五〇人という、伝統的に知られてきた人口の実数と一致している。この数の総計が、現在の総人口とほぼ一致しているのは、注目すべきことだ。すなわち、ランギロアには二〇ほどのアティが数えられるので八〇〇人から一〇〇〇人ということになるが、これは六〇年代はじめに調査された人口の実数と、おなじくらいだ。ティケハウ環礁では、伝統的な五つのアティの人口は、こうした計算法によればおよそ二五〇人ほどということになる。一九五六年から八八年にかけての八回の調査で、この島の人口はつねに二五〇から三〇〇人のあいだに位置し、驚くほどの安定を見せてきた。最後に、タカポトでは、二〇〇から二五〇人という人口の実数が、やはり伝統的な五つのアティの存在と合致している。

とはいっても環礁の住民たちは環礁のきびしい条件に適応せねばならず、海洋資源の採集を最大の課題としてきた。パウモトゥでは、珊瑚礁やラグーンの海の資源で、利用できるものはすべて利用してきたのだ。大部分の種類が食べられてきた魚はいうまでもなく、海亀や、甲殻類、ウニ、いくつかの貝類。閉ざされた環礁、したがってトゥアモトゥ東部の環礁の多くで、動物性タンパク質のほとんどは貝類から得られる。珊瑚礁で採集される栄螺（トゥルボ・トゥルボあるいはトゥルボ・セトスス）、そして分厚い二枚貝の貝殻からさまざまな道具を作れるしゃこ貝（トリダクナ・マクシマ）、さらに他の種の貝、とりわけテレブルも、貝殻のために採集される。道具類・日用品の製作には、他の海洋生物も利用される。真珠貝の貝殻、サメの歯と皮膚、ウツボの歯。こうした生物を採集するために、パウモトゥの人びとはきわめて幅広い道具一式を作り上げ、小さな舟の製作に非常なノウハウをもっていた。金属をまったく使わずに作られるアウトリガー・カヌーは、くりぬいた丸木と板をココ椰子の繊維をより合わせた紐によって結ぶことで組み立てられ、小さくて重いその帆は、パンダヌスやココ椰子の葉を編んで作られた。お

貝殻あるいは木で作られる釣り針は、対象となる魚の種類によってさまざまなかたちをしている。おなじく、硬い木で作られる銛類にも、たくさんの型がある。トゥアモトゥにおける漁の最大の特徴の一つは、疑いなく、罠および生け簀の使用だろう。罠は単純で軽く、丸や四角のたも網のようなもので、ラグーンの岸辺や珊瑚礁で立ったまま魚をとるのに使う。魚の群れの通り道、すなわちパスやホアのところに珊瑚のブロックで作られた生け簀は、漏斗型をしていて、部屋から部屋へと通ってゆくうちに魚は出られなくなり、生きたままそこに閉じこめられる。タロ栽培の溝とおなじく、資源を最適に利用しまた保護するためには、この生け簀にもつねに気を配っておく必要がある。限られた資源という拘束が、ヨーロッパ人の侵入によってすっかり混乱する以前の伝統的な社会組織を、部分的には説明するのだ（J・ボンヴァロ／P・ラブート／F・ルージュリー／E・ヴィニュロン『トゥアモトゥ環礁』、パリ、ORSTOM、一九九三年による）。

4　伝統的経済の残存

こんにち、こうした食糧生産の基盤が消えてしまっているとしても、陸および海がもたらしてくれるものに対する強い愛着は残っている。そんな愛着こそが、あとで見るが、島の自給自足能力に対する度を越えた信頼の源であり、選挙時には非常な集票力のある、輸入制限の経済政策への非現実的執着を説明するものだ。

その典型的な例として、豚肉の場合があげられる。最初のポリネシア人たちが、養豚をもちこんだ。豚を食べることは、つねにお祭り的・宗教的な意味があったようだ。たとえそれが、保存法を知らなかったためだったとしても。こんにちでも養豚はおよそ三〇〇という多数の小規模養豚業者によって行なわれている。地元の食肉生産は、輸入の禁止によって保護されている（これは他の産物についてもあり、伝統的な「ラフイ」を思わせなくもない）。養豚業者は飼料を地元の二つの業者から買い入れるのだが、この業者も法律ならびに高い税金によって保護されている。国産飼料の質や量といったさまざまな理由から、ポリネシアの養豚業者は高いお金を払ってでも輸入品を買うことに慣れなくてはならなかった。するとこんどは精肉店のほうも、地元産の豚の価格の高さに文句をいい、食肉の輸入禁止に対する例外的措置をとりつけることを止めない。ところが同時に、自分たちの業界を守るために、地元でも作っている種類の肉製品の輸入を、完全に禁止することにも成功したのだ。その結果、地元産の精肉と肉製品は値上がりし、質は低下し、それが豚肉の消費量を（ポリネシアでは伝統的に好まれてきたものなのに）相当に引き下げることになった。物価の高騰に歯止めをかけることのほうに熱心な地元政府は、輸入される冷凍の鶏のもも肉を、最重要必需品のカテゴリーに入れた。それ以来、一九九三年の時点でキログラムあたり三〇〇〇太平洋フラン（一七五フランス・フラン）だった地元産のハムに対して、キログラムあたり二五〇太平洋フラン（一三・七五フランス・フラン）のアーカンソー州産の鶏のもも肉が、当然ながらポリネシアの食卓にはよくのぼるようになった。こんなふうにして、伝統的な食糧生産を保護するべく行なわれてきた輸入制限政策が、皮肉にも、その消滅をもたらすことになったのだ。これと似た例はいくらでもある。ヨーロッパ人による発見以前のポリネシア人が、自分たちの自然環境の限界を知らなかったとは思えない以上、こうした問題が生じるのは必ずしもかれらの古来の習慣に根ざすわけではない。むしろ、自然を無尽蔵にゆたかであると信じてしまう態度には、ヨーロッパ人発見者たちにも責任があるようだ。

II　現代世界に対する遅れた、けれども根本的な統合

ヨーロッパ人によるポリネシアの島々の発見は、遅かった。十六世紀末にはじまったそれが本格化したのは、一七六七年のワリス、一七六八年のブーガンヴィル、そして一七六九年のクックによる。ヨーロッパ人による探検は緩慢で、十九世紀なかばまで続いた。ついで一八四二年から一九〇一年のあいだに、これらの遠い島々はフランス植民地帝国に統合され、オセアニアにおけるフランス領土が誕生した。一九六三年の、太平洋実験センターの設立は、フランス領ポリネシアにとって、まったく新しい時代の開幕を告げた。

1　ヨーロッパによる発見

(A)　できごと――ヨーロッパによる南海の発見の歴史は、つねに冒険的でしばしば危険な、三世紀以上にわたり何千人という人間を動員してきた、途方もない地理的企ての歴史だった。これはそれ自体、おもしろい歴史だが、ここではいまなお感じることのできる結果をもたらしたものにしぼって、それを

要約するにとどめよう。

十八世紀なかば以前には、現在のフランス領ポリネシアを形成する島々は、ほとんどすべて、知られていなかった。大航海時代に南海に実際に足を踏み入れたいくつかの探検隊は、せいぜいアジアへの航路を探すうちに、これらの島々にかすかにふれたにすぎなかった（マゼランからロッグフェーンにいたる人びとのむかしの航海）。

一七六五年以降、発見はすさまじく加速する。それから一世紀足らずのうちに、ポリネシアの島々の八〇パーセント以上が発見されたのだ。追い風に乗ったこの大きな動きは、科学的探索だけをめざしたわけではなかった。そこには多様化しつつどんどん増殖してゆく、あらゆるタイプの探検があった。古い時期に伝統的に探検の担い手であった軍艦と並んで、商船のはたす役割が大きくなり、捕鯨船という新しいタイプの船も登場した。同時に、ポリネシア探検に参加する国の数も、どんどん増えていった。先行するスペイン、オランダ、イギリス、フランスに加えて、アメリカとロシア、そしてチリ、デンマーク、ポルトガルがあとを追った。これには時代区分を設けることができる。

一七六五〜一七六九年——最初期の探検はイギリス人およびフランス人によるもので、目立って科学的性格をおびていた（バイロン、ワリス、カルトレ、ブーガンヴィル、クック）。

一七七二〜一七七七年——発見の時期が過ぎると、これまでに接岸した島々の可能性を評価することが問題となった（クックの第二回および第三回の航海）。

一七八八〜一七九五年——一七七二年から七七年にかけての探索では、望んでいたような資源が見つからず、西の新しい土地がより魅力的であると考えられるようになった（オーストラリアおよびニュージーランド）。こうして島への立ち寄りは、ただ大洋横断時の中継ぎにすぎなくなった。

一七九七〜一八二四年——多様な目的（科学的興味、政治的意図、商業的欲望、宣教目的）をもって、航海は頻繁に行なわれるようになった（フォン・クルーゼンシュテルン、フォン・コツェブエ、フォン・ベリングハウゼン、デュペレー）。

一八二五〜一八四一年——科学的調査の最盛期。この時期に、ポリネシアをめぐるあらゆる分野の知識にとって最も重要な旅が行なわれた（F・ビーチーの探検、チャールズ・ダーウィンをアドヴェンチャー号ならびにビーグル号に乗せていったR・フィッツロイの探検、アストロラーベ号およびゼレー号の航海、合衆国探検隊の船団を率いたウィルクスの航海……）。

こうして太平洋の発見の時代は終わりを告げた。ヨーロッパの自由主義大西洋沿岸諸国が、代わってそこで植民地世界の時代をはじめたのだ。

（B）結果——南海の神話は、いくつかの強力な作品によって批判にさらされたものの（ゴーギャンの文章、セガレンの『記憶なき人びと』、メルヴィルやロンドンやスティーヴンソンの小説）、発見者たちとの最初の接触によってポリネシアの側が感じた文化的衝撃の大きさを、現代にいたるまで隠蔽している。ポリネシア人とヨーロッパ人の出会いは、大部分は平和なものだった。航海者たちは大首長や超自然的存在を遇するのとおなじ儀礼によって迎えられた。けれども何度かは、暴力沙汰が起きている。タヒチ島では敵対は稀でしかも長続きしなかったけれど、周辺の諸島、マルケサスやトゥモアトゥでは、それは少なくとも十九世紀なかばまで続いた。残虐行為はヨーロッパ人によって、島人たちの敵意に対する反応として行なわれ、それはときには数発の銃声どころではすまなかった。こうした殺戮の立役者となったヨーロッパ人探検者たちのリストを作成するなら、おそらく不完全なものにせよ、ずいぶん長くなることだろう。

こうしたすべてにもかかわらず、衝突は暴力的というよりも狡猾である場合が多かった。ただ発見されたというそのことだけで、経済・社会・文化の面だけではなく、人口についても、生物についても、深い動揺が生じることになった。ポリネシアへの水夫たちの寄港は、ポリネシアの人口に対して数字にはしがたい結果をもたらさずにはいなかった。性的交渉が生じ、それに続いて混血が起こり、またとりわけ深刻だったのは、各種の感染症が入りこみ広まったことだった。

実際、情報源が少なく、不正確で、矛盾しているにもかかわらず、一つの事実は疑えない。ポリネシアの島々にやってきたヨーロッパ人は新しい種類の死をもたらし、それが島々の人口を減らしたということだ。しかもそれは、一九三〇年ごろまで、マルケサスをはじめとするいくつかの諸島では、土着の人びとはこのまま完全に消滅してしまうと信じられていたほどだったのだ。

ヨーロッパ人発見者ならびにその後継者たちによってもたらされた新しい死は、二つのかたちをとった。まず、当時の人びとの心に衝撃を与えた、暴力的な、伝染病による死。ついで、ゆっくりと少しずつ人を死なせてゆく、日常的な死だ。こうしてタヒチは一七七二年以来インフルエンザに襲われ、少なくとも一二回は各種伝染病の大流行があったのち、一八五四年にはどうやらはしかに赤痢が加わって複雑化したと思われるものによって、タヒチおよびモオレアの九九〇〇人のうち七〇〇〇人が死んだ。一八六三年には、マルケサス諸島で、天然痘が数カ月のうちにヌク・ヒヴァの人口の半分とウア・ポウの人口の三分の二を殺した。ポリネシアを襲った最後の大伝染病は、一九一八年のスペイン風邪だった。すさまじい流行で、ひと月で三〇〇〇人の死者を出したが、これはソシエテ諸島の人口の一二から一五パーセントにあたる。

こうした伝染病による死だけが、ポリネシア人の消滅の唯一の原因なのではない。ヨーロッパの到来以前にはなかったか、ほとんど見られなかった他の病気も住民を襲い、あるものは死者を出し、あるものは出生率を低下させた。性病は二重の結果をもたらした。治療が手遅れになると、それは胎児に対する深刻な感染をもたらし、罹患をくりかえすと、男女両性とも後天的な不妊の原因となる。死にいたる病のなかでは、二つが優勢だった。結核と赤痢だ。人口の回復が加速していた一九二二年から三一年にかけての、パペエテでの死因を分析すると、感染症ならびに寄生虫症の深刻さがわかり、そのなかでも結核が大きな役割をはたしている。こうした病気が、当時の死因の四〇パーセント以上を占めていたのだ。この悲劇的で、さほど昔のことではない歴史のせいで、ポリネシアの人びとならびに政府は、公衆衛生に力を入れているのだといっていいだろう。これはこんにちでも、フランスの存在を最もはっきりと感じさせる部門となっている。

発見はまた新しい経済秩序への強制的統合、それまでは知られていなかった物資の導入、数々の生活技術の消滅をもたらした。たとえば金属製の斧の導入の結果、石の手斧で木を加工する仕事は必要なくなり、その技術は衰退した。人が何といおうとも、こんにち行なわれている木彫や刺青は、七〇年代に博物館カタログやヨーロッパで書かれた研究書によって再発見されたものなのだ。おなじように、審美的価値のためにヨーロッパのコレクションに送られた数々の品物も消えた。それらはポリネシア人にとっては家庭内の、あるいは儀礼的な実用品だったのに、その使用法はそれ以後、忘れられてしまったのだ。また別の分野だが、発見者たちは食用にする多くの種を導入することで、ポリネシアの島々の動植物相を変えてしまった。

こうしてヨーロッパ人によるポリネシアの発見は、ポリネシアにとっても、ヨーロッパにとっても、重大な結果をもたらした。ポリネシアでは、それは多くの場合、間接的だった。発見者たちは、これらの島々へのヨーロッパ人の定住の道を開き、それが地元文化に深い変容をひきおこした。これに対してヨーロッパでは、結果はより早く、より直接的だった。ポリネシアの発見は、十八世紀末から十九世紀初頭の近代科学形成プロセスにおいて、重要な位置を占めているのだ。ポリネシアはその発見が遅かったことと「啓蒙の世紀」のおかげで、より早く植民地化された他の熱帯地域の運命をまぬかれたのだ。しかし逆説的にも、啓蒙の世紀の人文思想はまた完全性の神話を唱えていたが、それは現実を正しく知覚することをさまたげ、さらには進歩の理想を傷つけるものだった。二世紀ののち、実に多くの知識の土台をなしている「発見の時代」の科学的寄与は、あまりにしばしば、当時作られた神話の背後に姿を消してしまう。十八世紀末を迎えるまでのきわめて長いあいだ「夢見られた」空間であり、そして発見の時代には「夢見る」空間となったポリネシアは、国土整備の専門家たちの時代を迎えて、もはや単なる「夢の」空間になっているのだろうか。

2　植民地化とフランス領ポリネシアの形成

(A) 保護領からフランス領ポリネシアへ——島々の植民地化は、フランス本国の政府によって、本当の全体的計画を欠いたまま企てられた。いうまでもなく、西欧の植民地政策があからさまなものになったのは、十九世紀の後半以後のことにすぎない。フランスによるマルケサス諸島の領有化、そして

タヒチの保護領化は、一八四二年のことでしかなく、風下諸島がフランス領となったのは一八九七年、オーストラル諸島は一九〇一年以後だということは、忘れるわけにはいかない。トゥアモトゥ諸島も、この期間に徐々に、ほとんど行き当たりばったりに、併合された。タヒチとその周辺の島々が一つの植民地として統合されオセアニア・フランス植民地（エタブリッスマン）となったのは一九〇三年だが、フランス国民（シトワイヤン）という地位を与えられたのは住民の一部にすぎず、他の者たちは単なる臣民（スュジェ）とされた。地位のこのひどい不平等は、一九四五年、オセアニア・フランス植民地において中国系の人びと以外の全土着民にフランス国民の地位が与えられるまで続いた。

一九四六年、植民地は海外領土となった。一九五七年、領土は「フランス領ポリネシア」という名前を与えられ、一九七一年にはこの領土の全体が共同体としての体制をとることになった。このとき以来の制度の整備は、一九八四年、「漸進的」という規定つきで共同体内部の自治が認められるまでにいたった。

十九世紀をつうじて、この地方ではキリスト教布教と植民地所有の欲望が野放しになっていた。前者のおかげでポリネシアの人びとと風景は、深くキリスト教化された。政府からの直接的援助なく行なわれた布教は、分散し、またいろいろな勢力が入り乱れていた。ポリネシア東部へのキリスト教導入から二世紀が経っても、この特徴はいまだに感じられる。まず、ポリネシア社会には全体にキリスト教的価値観がよく浸透していて、教会が社会生活の大きな構成要素であり続けている。ついで、初期のイギリス人宣教師たちの後継者であるフランス領ポリネシア福音教会（EEPF）と、それほどには強力ではないがフランスが支援するカトリック教会の優位は、たとえ久しい以前からこれらの教会が他の「少数派教会」とりわけモルモン教やサニト〔モルモン教から分かれた宗派〕からの追い上げをうけているとはいっても、ゆるぎない。

それぞれの教会の信者数は、いまだに確定しがたい。福音教会はおよそ九万人の信徒を有し、カトリック教会には六万人がいる一方で、少数派教会には合計で二万五〇〇〇から三万人がいる。タヒチ以外では、各宗派の地理的分布は安定しているようだ。EEPFが、ソシエテ諸島ならびにオーストラル諸島の要所要所をおさえている。カトリック教会はマルケサス諸島を独占し、トゥアモトゥ東部ならびにガンビエ諸島では多数派を占めていて、トゥアモトゥ北西部はモルモン教およびサニトと分ち合っている。タヒチでは、プロテスタントが多数派を占める田舎と、はるかにごちゃまぜになっている都市部という、対照が見られる。

（B）植民地搾取の事実と悪行――植民地時代についていうと、その痕跡はこんにちでも少なからず残っている。風景に残っているし、しばしばポリネシア人とのあいだで混血化した、植民者たちの子孫が経済的・政治的に支配する、社会のなかにも。それで何よりも経済的成功を第一に考える精神が、いまだに残っている。実際、十九世紀から二十世紀前半には、つかのまではあったが大金が儲かる景気のいい時期がいくつかあった。一八四一年の保護領の成立とともに、さまざまな程度の成功を収めた何度かの農産物景気があったものの、世紀末にはコプラ〔ココ椰子の乾燥果肉で椰子油の原料〕が植民地経済全体を沈下させてしまった。両大戦間には、輸出品の大半を産むココ椰子畑が五万ヘクタールに達し、毎年、二万から三万トンのコプラを産出した。一九九三年には産出量は一万トン程度でしかなく、国内総生産には、もはや取るに足らない程度にしか寄与していない。

その結果、残されたのは「典型的」と呼ばれる風景と、人が充分気づいていない、深い社会・経済的動揺だった。大部分はすらりとしたココ椰子のシルエットに支配されている環礁の現在の姿は、したがって最近のものであり、ほとんど完全に人間の意志が作り上げたものなのだ。それはまた土着の動植物相の破壊をひきおこさずにはいなかった。ココ椰子畑の発達と並行して、住民を教会や寺院の周囲に集めようとする宣教師たちの配慮は、空間の組織に新たなあり方を強いることになった。ココ椰子単一耕作の商業的性格は、古くからある土地利用の枠組みの、発展したかたちでの固定化をもたらした。村々への再編成が、人が住んでいたモトゥを完全に放棄させ、それまではひっそりと行なわれていたにすぎなかった「ラフイ」という習慣を広く定着させたのだ。これは要するに禁止期間を設けることだが、伝統的な枠組みのなかでは、この貧しくもろい環境において払底を避けるために資源をうまく管理することをめざしたものだった。それが、このころから、投機的な換金作物栽培を保護することを目的とするようになったのだ。

ココ椰子の単一耕作は、また新たな経済的・社会的秩序を樹立するという、大きな結果にもむすびついた。外部の需要に応えることをめざせばいくらでもお金になるというその性格のせいで、ただでさえ村単位への再編成で弱っていた、伝統的な自家消費用作物栽培の崩壊をもたらした。そしてこの再編成がこんどは、水夫＝商人にとって、手形と物々交換のシステムの導入を、より利益の上がるものとしたのだった。その結果、新たな村組織の鍵をにぎる宣教師のかたわらに、二十世紀初頭、中国人商人とスクーナー船の船荷監督の影が出現する。両者に対してポリネシア人は借金を負い、支配されて、身動きがとれなくなってしまった。

宣教師たちが企てたココ椰子プランテーションの経営は、はじめは私的な商業目的で、ついで国の指導のもとに行なわれたのだが、各環礁をタヒチおよび本国に全面的に依存させるシステムを作り上げるという、重大な結果をもたらした。環境の拘束や、化粧品・食品業界でのコプラの大きな需要を考えてみると、それでもこのシステムは成功の見込みがある、それどころか島にふさわしい唯一のものだと、長いあいだ思われていた。とはいえ、早い時期から――このことは強調しておくべきだろう――ココ椰子の単一耕作のマイナス面も明らかになっていたのだ。自家消費用作物栽培の放棄。土地の不可逆的な疲弊。不在地主と自由放任に都合のいい、広範に行なわれている大土地所有の壁。それに加えて、五〇年代をつうじてゆっくり着実に進んだコプラ価格の低下は、環礁の人びとを、経済的依存の地獄のスパイラルに巻きこんだのだった。六〇年代まで、こうしてココ椰子畑が、フランス領ポリネシアの全体、とくにタヒチの都市ブルジョワ階級とカトリック教会に、その富の大きな部分を与えた。

十九世紀後半はまた、トゥアモトゥのラグーンで採れる真珠に対する関心が確立された時代でもある。これは一世紀後、天然真珠の枯渇とともに終わりを告げる。おなじころ、植民地経済の時代は、マカテアにおけるリン酸石灰採掘の終了とともに終わる。この採掘からはこんにち、錆びついた機械類、侵入する植物、月面のような風景をもつ、廃坑のゴーストタウンが、目に見える記念品として残されているばかりだ。よりこっそりとしたかたちで、この企てはポリネシアに新しい人間関係と新しい拘束、すなわち賃金労働のそれをもたらした。それは人びとの根なし草化と、それまでは知られていなかった労働世界の形成を助長した。こうした現象は、フランス領ポリネシアに新時代がはじまったことを告げる、一九六三年の太平洋実験センター（CEP）の開設とともに、いっそうひどくなった。

3　CEPの時代

アルジェリアのレガンでのフランスの核実験が停止されたのち、一九六三年、トゥアモトゥが太平洋実験センターの場所として選ばれた。モルロアならびにファンガタウファの両環礁が、タヒチから遠いことと無人であることによって核弾道ミサイルの発射基地として選定された。おなじころ、ハオ環礁は軍の重要な物資補給中継地とされ、タヒチには国際空港の開港とともに非常に多くの軍関係の施設ができた。こうした事実があらゆる分野にきわめて深い変化をもたらしたが、そのさまざまな結果や重大さは、まだまだ完全にはわかっていない。

実際、こうした変化のすべてがCEPのせいだとしばしばいわれるが、それはまちがっている。変化はすでに五〇年代末からはじまっていたのだ。リン酸石灰の採掘が終わり、地元の輸出品の大部分の価格が国際的に下がりつづけていたのに対して、フランス領ポリネシアは次第次第にフランスに顔をむけて、その発展を保証してもらい、一九六一年ファアア国際空港の開港とともに国際観光旅行を売りこもうと試みるようになった。しかしこうしたすべてにも、無力感はつきまとった。人口の回復期を迎えて人口増加率は増大し（一九五六年から六二年のあいだ、年三パーセント）、田舎の人口が大量にパペエテにむかって流出した。そのためポリネシア人とその選出議員たちの多くにとって、この地域の問題解決のためにはCEPの建設が、望ましい解決策だと思われるようになっていたのだ。

事実、わずか二、三年のうちに、「進歩」は目をみはるほど明らかになった。実験施設は大部分のポリネシア人の生活の場からは遠かったため、CEPの存在は何よりももっぱら途方もない仕事や雇用の機会としてうけとめられた。それが受け入れやすかったのはおそらく、そのお金の大部分が公共支出から

ポリネシア経済の外向性と依存

	1960年	1970年	1980年	1990年
国内総生産*	4,261	21,553	87,577	290,064
年度の中間点における人口**	81,100	112,000	150,900	197,000
住民1人あたり国内総生産***	52,540	192,438	580,364	1472,406
CEPおよび軍の地域支出*	153	7,770	12,530	29,610
非軍事関係の国家支出*	610	9,713	29,031	40,269
官庁・公共機関 の給与*	474	6,188	19,332	84,527
公的投資*	410	1,357	4,943	29,608
私的投資*	422	3,253	22,430	28,245
輸入税*	450	10,500	15,000	28,015
領土予算（歳出）*	637	3,278	16,010	77,600

*100万太平洋フランを単位とする　**推定　***太平洋フラン

来ているからでもあって、伝統的社会においては富は指導者たちが再分配するのが原則だったからだ。この経済的・社会的発展は、経済学者たちによって細かく分析されているが、その分析は以下のように要約できる。

——国内総生産に占める公共支出の割合は一九六〇年には三〇パーセントにみたなかったが、六〇年代後半には八〇パーセントを超え、その大きな部分がCEPによるものだった。概して公共支出こそ、経済成長の動因であり、これは本国からの資金投入と、CEPおよび軍の直接的・間接的支出の規模を、そのまま反映している。これと並行して、政府関係では給与や各種手当も格段に高くなった。やはりCEPのおかげで、公共投資も並外れた増大ぶりを見せ、大量の輸入をつくりだすCEPの活動は、フランス領ポリネシアの税収を激増させた。こうして増えた予算で、地域の公共施設は大量に雇用を提供することができるようになり、一方では教員・警察・税関、さらには地方行政のかなりの部分までが国家予算によって直接給与を支払われたため、まさに雇用天国といった状態になった。こうしてポリネシアの片田舎だった地域が、西欧化・官僚化、そして都市化されていったのだった。

——CEPはまた、地元企業にも絶大な波及効果をおよぼす。とくに建設、土木、商業、各種サービス業の分野において。同時に雇用はありあまり、私企業の雇用実数は一九六二年の九〇〇〇人から七〇年には二万六〇〇〇人に達した。それによって歳入も増大し、その額は一〇年以内で四倍にもなった。一九六〇年には住民あたりの国内総生産は五万太平洋フランの水準だったが、九三年には一五〇万太平洋フランを超えた（一〇〇太平洋フラン＝五・五フランス・フラン）。つまり三〇倍になったというわけだが、この間に、生活物価は八倍にしかなっていない。

市民・軍人を問わず本国からの人間の流入（一九六二年の二五〇〇人に対して七一年には七五〇〇人）が、ポリネシア人の収入の増大のみならず、もっぱら輸入に頼るしかない、器具・消費財の大きな需要を生んだ。輸入品の大量流入によって生活様式が西欧化するとともに、貿易収支は慢性的赤字になった。輸出による輸入のカバー率は一九六〇年には八三パーセントを占めていたものの、七〇年には一二パーセントに低下した。しかもこの数字は、より深刻な実態を隠している。輸出全体に対する未加工原料の輸出の割合

輸出・入の推移

	1960年	1970年	1980年	1990年	1993年
輸出（トン）					
コーヒー	114				
バニラ	179	28	2	6	15
コプラ	23,915	14,969	11,815	6,739	5,050
真珠母貝	645	185	26	210	375
真珠（未加工）		1,563（1972年）	28,779	599,436	2,187,075
合計価格（100万太平洋フラン）	1,139	478	663	4,579	8,720
輸入（100万太平洋フラン）	1,618	13,580	41,459	91,927	86,905
カバー率	70%	4%	2%	5%	10%
貿易相手国・地域（%）					
輸入					
フランスおよびフラン圏	53	61.8	47.6	51.6	46
その他の国	47	38.2	52.4	48.4	54
輸出					
フランスおよびフラン圏	47.9	87.3	69.6	29.6*	34*
その他の国	52.1	12.7	30.4	70.4	66

*真珠を除外した場合（日本）1990年＝±46%；1993年＝±59%

	第一次産業	第二次産業	第三次産業
国内総生産にしめる割合（%）			*推定
1960年	40*	15*	45*
1970年	6.9	13	80.1
1980年	5.3	19.2	75.5
1990年	4.5	15.4	80.1
人口調査時の雇用分布			
1960年	46	19	35
1971年	19	33	46
1983年	13.9	18.6	67.5
1988年	11.8	17.8	70.4

が、再輸出品（とりわけ軍事物資）やサービス業（観光）のそれのせいで、低下してしまったのだ。したがって、地元産品の輸出だけに話を限るならば、輸出による輸入のカバー率は一九六〇年の七〇パーセントから七〇年の三・五パーセント、八〇年の一・六パーセント、九三年の一〇パーセント（うち九パーセントは養殖真珠で、伝統的な産物は一パーセントにすぎない！）へと推移している。

実際、消費習慣の西欧化、港湾・空港の下部構造の整備により容易になった輸入への依存、あるいはまた熱帯農産物の国際価格の値崩れが長引くとともに拡張を続ける他の産業分野に吸収されてゆく農業労働者の欠乏など、すべてが一致して、伝統的生産をなくす方向へとむかっている。以前に述べたような伝統的なポリネシアの風景は、コプラの生産が低下し、コーヒーが消え、バニラもほとんど作られなくなれば、消滅してゆく。こうした数字がしめすのは、単に外部世界というだけでなく、地元産品を国際価格よりずっと高い値段で買い入れてくれる、本国に対する依存の増大でもあった。

　これと並行して、第三次産業が、雇用の面だけでなく付加価値においても目立つようになってきた。いまあげた数字はすべて、ＣＥＰの存在がもたらした変動が、いかに激しいものであったかを証言している。それらはまた、こうした激変が、ポリネシア人の多数派にとってはすんなりと受け入れられたものだったことを理解させる。それは事実、国家による民間・軍用の資金投入、地域予算の高騰を直接的に反映させるかたちで、つまり実際の生産の努力がないままに、平均的な生活水準がいかに劇的に向上したかを物語っている。ＣＥＰのおかげで、フランス領ポリネシアはわずかな年月のうちに、南太平洋の小さな島国経済で最もゆたかな、最も西欧化されたものの一つとなった。それは、長いあいだポリネシアよりも少なくとも二倍以上の住民あたり国内総生産を誇っていたニューカレドニアを、追い抜きさえしたのだ。ポリネシアはフランス共和国の海外県・海外領土のうち最もゆたかな地域となり、以後、その消費水準は本国の水準にきわめて近づいた。

　こうしたマクロ経済学的データは、諸島ごとのちがいはあるというものの、非常に高い日用品の水準となって表われている。とはいっても、トゥアモトゥのいくつかの環礁では自家用車所有率が一〇パーセントに達するにもかかわらず道路網というものが事実上存在しないこと、あるいはいたるところでビデオ・デッキの所有率が本国よりも高いことなどを知ると、ただ驚くばかりだ。

南太平洋の島国・領土　経済学的データ

国名	就業人口（%）男性 15歳〜64歳 (1990年ごろ)	女性 15歳〜64歳 (1990年ごろ)	給与生活者 男性 (1980年ごろ)	給与生活者 女性 (1980年ごろ)	セクターⅠ (1985年)	セクターⅡ (1985年)	セクターⅢ (1985年)	住民あたり国内総生産 (1990年・USドル)
アメリカ領サモア	61	44	55	31	2	32	66	5,150
クック諸島	52	48	32	14	9	15	55	1,720
ミクロネシア連邦	70	33	33	16	2	13	85	1,071
フィジー	87	24			45	14	41	1,392
グアム	86	63	84	51	2	14	84	9,942
ワリス=フトゥナ諸島	87	47	22	14	82	12	6	1,400
キリバス	84	68	30	10	76	4	20	716
マーシャル諸島	80	31	46	16	4	13	83	1,158
ナウル	94	19	94	19	69	7	24	10,600
ニウエ	70	36	60	24	22	23	55	1,752
北マリアナ諸島	89	77	80	50	6	2	92	11,472
ニューカレドニア	62	38			25	16	59	5,958
パラオ			76	56	13	9	78	2,815
パプアニューギニア	80	69	52	34	82	2	6	872
フランス領ポリネシア	**77**	**51**	**80**	**70**	**11**	**18**	**71**	**8,860**
ソロモン諸島	88	85	36	13	85	4	11	466
トケラウ	82	50	44	18	38	32	30	850
トンガ	71	19	22	7	51	9	40	891
ツヴァル	85	86	38	12	73	9	18	660
ヴァヌアツ	89	80			77	4	19	870
西サモア	81	21	32	13	60	9	31	632

南太平洋の島国・領土　マクロ経済学的データ

国名	住民あたり公的支出（USドル）		住民あたり外部援助（USドル）		来訪者数（人数）	
	1980年ごろ	1991年	1985年ごろ	1990年	1987年	1991年
アメリカ領サモア	2,634	2,607	1,388	1,672	45,127	45,574
クック諸島	1,463	1,887	626	720	28,811	39,984
ミクロネシア連邦	650	790	544		5,111	
フィジー	439	611	23	12	189,866	259,350
グアム	2,187	5,236	392	694	483,954	737,260
ワリス=フトゥナ諸島	1,989		1,346			
キリバス	194		220	333	3,905	2,935
マーシャル諸島	618		476		3,131	
ナウル	5,200	5,208	6	21		
ニウエ	2,414		1,973	3,187	2,040	993
北マリアナ諸島	3,899	2,923	3,789		194,242	429,744
ニューカレドニア	2,256	3,067	502	1,502	58,034	83,524
パラオ	2,340	1,876	1,964	717	16,695	32,700
パプアニューギニア	257	310	99	100	34,970	37,357
フランス領ポリネシア	**3,094**	**3,269**	**1,482**	**1,309**	**142,820**	**120,938**
ソロモン諸島	220	237	82	137	12,555	11,105
トケラウ	975		1,187	2,963		
トンガ	268	498	132	307	20,591	22,007
ツヴァル	520		596	548	732	976
ヴァヌアツ	336		169	266	14,642	39,784
西サモア	289		108	126	47,675	39,414

出典：南太平洋委員会および各国・領土からの種々のデータをまとめたもの

家庭用品の普及率

(%)	フランス領ポリネシア 1977年	1988年	フランス 1988年
冷蔵庫	73	80	98
洗濯機	39	67	87
電話		53	94
テレビ	60	81	92
ビデオ・デッキ		38	17
自家用車（複数の場合を含む）	50	68	75

出典：1977年および88年の国勢調査（ITSTAT）

おそらくより深い影響は、CEPがひきおこした経済成長によって、失業率が他のフランス海外県・海外領土や他の南太平洋の島々より（人口の増大はこれらの島々と変わらないのに）はるかに低く抑えられているということだ。このことはまた、こんにちフランス領ポリネシア人の海外移住がほとんど見られないということをも説明する。太平洋の小さな島々や他のフランス海外県・海外領土では、移住とは人口動態的にいって最大の特徴だというのに。[1]

（1）「太平洋の人口」、『空間、人口、社会』所収、一九九四／二号。

CEPがもたらした最大の効果の一つ、未来に対して最も深刻な影響を与えるにちがいないものは、劇的なまでの人口の増大と、伝統経済では支えきれなかった人口分布の変化を可能にしたということにあるように思われる。国家の決定により核実験が停止された時点で、人口の増加と分布の変化の問題は、人口動態的変化が逆転するには長い時間を必要とする以上、この地域が直面しなくてはならない最も恐るべき挑戦の一つとなるだろう。

第三章　人間とその支配力

　フランス領ポリネシアにおける人口の再生は、CEPよりもずっと早くからはじまっていた。タヒチではそれは十九世紀末からはじまっていたが、一九一八年のスペイン風邪の流行のあとになるまで、決定的なものにはならなかった。マルケサス諸島では、一九二六年まで数字に出なかった。どこでもそれは、本国主導の公衆衛生の努力の直接の結果として表われた。事実、出生数が死亡数を自然に上回ったことによる人口増と、治療所・駐在医・病院の設置とのあいだには、密接な一致がある。しかし、公衆衛生活動が、植民地化にともなうその他多くの社会的・経済的諸現象とむすびついて生じた地理的影響の一つには、それが人口増加の本質的原因となったと同時に、人口の地域分布における深刻な不平等をもたらしたということもある。一九六三年のCEP開設以前から、フランス領ポリネシアの人口分布の最大の特色は、すでに表われていた。一八九七年には、風上諸島が現在のフランス領ポリネシアの人口の四三パーセントを集めていた。それが第二次大戦開戦のころには五〇パーセント、一九六二年にはすでに六〇パーセントに達していたのだ。CEPの開設は、タヒチに経済成長を集中させることによって、この傾向をいっそうひどくした。ポリネシアの島々がひどく分散している一方で、こんにちのポリネシア人は、ひどく集中して暮らしているのだ。

この地域の飛躍的な人口増加が、本質的にいって、過去三〇年の衛生面での飛躍的向上と直接に関係している、死亡数に対する出生数の超過のせいである一方、移住は人口再分配と不均衡の加速化という地理学的役割を演じ、この不均衡は中心＝周縁という根本的対立をきわだたせることにゆきついた。

I　人口の分布と密度

フランス領ポリネシアにおける人口密度は、一九九五年の時点で、陸地面積一平方キロメートルあたり五一人だった。（フランス本国は一〇〇人、世界平均は三六・五人、南太平洋では一一人）。したがって、たとえ三〇年前には人口密度が一平方キロメートルあたり二五人にみたなかったことを思い出したところで、現在でもまずは中程度の密度でしかないといえる。この地方の一一八の島々のうち、定住民がいるのは六七にすぎず、しかもそのうち五二の島々では、人口が一〇〇〇人にみたない。諸島ごとに、密度差は大変に大きい。マルケサス諸島では一平方キロメートルあたり七人なのに対し、風上諸島では一〇三人。地域内での密度差という観点から見るならば、ポリネシアの特徴は、中心――ソシエテ諸島（とりわけタヒチ一島に集中）――と周縁のあいだで明らかな対立があり、しかもその周縁では個々の島ごとに大きな対照が表われているということにあるだろう。

フランス領ポリネシアでは人びとがもう山には住まず、海岸のいくつかの地点に集中して住んでいるということは、いたるところで確認された事実だ。こうした集中の理由は、人口の集中が極端なまでに進められた環礁の場合、明らかにわかる。人が住んでいる島の大部分で、ただ一つだけの村が、パス付近か船からの上陸地点のところにあるのだ。タヒチの場合は、その相対的な大きさのせいで、特別な注意を必要とする。二二〇キロメートルにおよぶ海岸線のうち一八〇キロメートルについては、人口密度が一平方キロメートルあたり一〇〇〇人に達しない。ところが島の北西部では、居住地が密集していて、人間はたくさんいる。建設は海岸平野という枠からはみだし、山裾にはじまってかなりの高さのところまで続いている。マヒナからパエアまで、都市区域の全域で、人口密度が高い。

ヨーロッパによる発見当時の人口分布については、証言はほとんど残されていない。トゥアモトゥならびにオーストラル諸島では、現在の住民数に匹敵するような水準の人口があり、より大きな島々であるマルケサス諸島やおそらくタヒチでは、居住区域がこんにちより大きくひろがっていて、人口もより多かったものと思われる。二十世紀なかばには、状況は根本的に変わっていた。当時の特徴は、遠い離島が放棄され、より大きな島に人口が集中したことだった。このかたちが、一九六二年、タヒチへのCEP開設によって強化される。

タヒチでの人口分布は、南太平洋の島々で同様にしばしば見られる、もう一つのモデルに対応している。山々が見捨てられ、海岸部が混み合うということだ。この現象は、地元の環境に適合した、経済的自給自足をめざす土着のシステムを、市場経済という輸入された植民地モデルにむりやり置き換えてゆくことと、むすびついていた。地理学的にいうとこのモデルは、空間を強制的・統一的に構成していくことを特徴としていた。タヒチでも周縁部の島々でもこの空間構成は、宣教師・軍人・植民者が定着し、かれらとともにたとえ小さなものであれ新たな精神的・行政的・経済的次元の中心が置かれる、海岸部から発展していった。

CEPの開設とともに、それまでは限られたものだった中心という現象が、はっきりしてきた。タヒチにおいて人口動態的な重みの五三パーセントを占めていた都市区域は、六〇年代には八〇パーセント以上にもなった。絶対数でいうなら、一九四六年の一万三八〇八人から、八三年には九万三二九四人になったのだ。パペエテを作り、そこに人びとをひきよせるのは、何よりもそこに舵取りの中心を確立しようとする植民地主義的な意志だった（交易経済や権力の行使に関してそもそもたいした必要がなかったので、この意志は長いあいだごく限定されたものにとどまっていた)。港の両側に中心が拡散して長々と展開し、こんにちでは四〇キロ以上にもわたる郊外区域が形成されたことは、フランス領ポリネシアにおける現在の人間の分布の、最も大きな特徴となっている。

指令を下す中心と生産可能性のために搾取される周縁の創出という古い植民地モデルが、ポリネシアの伝統的空間組織の位置を奪った。このモデルを極限まで強化し、みずからが作り上げた空間構成に立脚しそれを増幅しつつ、CEPによって生まれた新たな政治的・経済的秩序は、新たな人口分布を決定的なものにした。この分布と人口密度が生む大きな問題は、フランス領ポリネシアの島々の人口が多すぎるか不充分かということではなかった。島々の生存能力というものが、いかんせんここでは、排他的依存という枠のなかで考えられるしかないのだから。そうではなくて、フランス領ポリネシアの島々、とくにタヒチの人口分布が問題なのだということは、明らかだ。そこでの現在の人口分布は、環境がもつ可能性よりもはるかに、歴史の強制力の結果にすぎないのだから。

Ⅱ　人口爆発と地理的不均衡

ＣＥＰの開設がひきおこした激変は、好景気に力を得ながら、この地域の人口増加を加速させた。しかしそれはまた、人口分布の不均衡をはなはだしく悪化させ、人口の年齢・性別構成をすっかり変えてしまった。

1　人口の自然な推移と構造

（A）人口変化の大枠。出生率の増大と、しだいに低下する死亡率――第二次世界大戦直後には年に二五〇〇人ほどだった出生数は、その後、一九八四年以来、年五〇〇〇人以上に達している。しかし一九七九年以来観察されてきた高い出生率には、ストップがかかったか、少なくともペースが落ちたようだ。一九四五年から現在までという短い時間をとっても、人口推移の異なった諸段階を指摘することができる。まず第一段階（高い出生率、高い死亡率）は一九五一年に終わった。第二段階（高い出生率、低下する死亡率）はきわめて短く、六八年には終わっている。それ以来、第三段階が続いていて（低下する

出生率、死亡率も比較的低い）、第四段階（出生率・死亡率ともに非常に低い水準で安定する）にいつ入るかは予見できないとはいえ、出生率・死亡率いずれも横ばいになって、やがて一五年を迎えようとしている。

とはいえさしあたっては、これらの率はかなり高いままだ。過去一〇年のあいだ、人口は全体としてまだ若いのに、死亡率は一〇〇〇人あたり五から七人。一九八八年から八九年にかけての出生率は一〇〇〇人あたり三〇人で、世界平均の一〇〇〇人あたり二八人よりも明らかに少し高く、一〇〇〇人あたり一四人というフランス本国の数字よりもはるかに高い。この状況が自然増加の大きさにむすびつき――移民とは別に毎年四五〇〇人の人口が増えている――自然増加率はほとんど年二・五パーセントに達しており、これがフランス領ポリネシアを最も人口構成の悪い国・地域の一つとし、その将来に対して大きなハンディキャップをもたらしている。

若い人口――一九八八年九月六日の国勢調査では、一〇人中四人近く（三六パーセント）が十五歳未満であり、二人に一人近く（四七パーセント）が二十歳未満、四十歳以上の人は住民六人中一人にみたない（一五パーセント）。六十歳以上の人は全人口の五パーセントでしかなく、七十歳以上は一パーセント未満だ。こうした数字を、人口動態的枠組のなかで考えてみなくてはならない。実際、毎年、妊娠可能年齢に達する若い女性の数は、そこからはずれてゆく年齢の女性の数より、明らかに多い。それで、最新の国勢調査では、十五歳から十九歳（妊娠可能期に入るグループ）の女性の実数が九九二三人だったのに対し、その時期を終えてゆくところだと考えられる四十五歳から四十九歳のグループの実数は三六九四人だった。この状況は、将来のポリネシアの人口に反映される。したがって、たとえ現在妊娠可能年齢にある女性たちの世代が、妊娠・出産に対して上の世代とおなじ態度をとらないとしたところで、出産数は年とともに増加を止めない。こうして人口の飛躍的増加という現象が起こっているわけだ。

（B）出生数と妊娠数——およそ二五年、すなわちわずか一世代で、合計特殊出生率（一人の女性が妊娠可能年齢を年齢ごとの年間出産数に見合ったかたちで生きたときに生まれるであろう子供の平均数）は一・七ポイント減少した。これは相当な低下だ。一九八五年から八六年にかけての水準は、ポリネシア在住の妊娠可能年齢の女性全体に関して一人あたり三・七人、この地域出身の女性に関しては三・九人で、これは一九八五年の世界平均三・六人よりも明らかに高い。先進諸国の出生率は一・八人程度で、これに対してアフリカ諸国の平均六・三人という数字が際だっている。太平洋ではサモアがいまでも五・〇人に達し、パプアニューギニアが五・三人、ソロモン諸島が六・六人。一方、フィジーやニューカレドニアはそれぞれ三・二人、三・一人とされている。ここで思い出しておくなら、人口を維持して世代交代を行なうためには女性一人あたり二・一人が必要であり、西欧先進国の大戦直後のベビーブームの頂点でも、この数字は例外なく四人を超えたことはなかった。

ポリネシアにおけるこの展開は、どう説明すればいいのだろう。出生率の低下はたくさんの要因がからみあって起こり、どれが最も決定的なのかをつきとめるのは容易ではないということは、指摘しておかなくてはならない。経済的・社会的諸要因のなかで、家族の機能と構造、死亡率（乳幼児）と出生率の相関、生活水準の向上と子供の教育費の増大、教育水準、社会の流動性、都市化、女性の就業、といった雑多な要因をあげるほかはない。このうち女性の就業について見ると、職業をもつ女性の比率が一九五六年から八三年のあいだに三倍以上になったという事実は、指摘しておくべきだろう。一九五六年には十五歳から六十歳のあいだの女性一〇〇人中わずか一三人だけが職業についていた（しかもこの数の多くは伝統的農業のなかにあったことを考慮する必要がある）。一九七七年には、この数字は一〇〇人中三三人に達し、八八年には一〇〇人中四〇人、つまり二人に一人以上（五二・二パーセント）に達しているのだ。

(C) 死亡率——四〇年ほど前からの死亡率の急落が、たいして移住者がいるわけでもないのにフランス領ポリネシアが驚くべき人口成長を見せていることを説明する。人口は一九四六年の五万八二〇〇人から六二年の八万四五五一人、そして八八年九月の国勢調査では一八万八八一四人になっている。第二次大戦直後には一〇〇〇人あたり一七・五人だったこの地域の死亡率は、六〇年代終わりまでは一〇〇〇人あたり一〇人以上であり続けたが、この数年来は六人以下となっている。一方、五〇年代なかばまで一〇〇〇人あたり一〇〇人を超えていた乳幼児死亡率はどんどん低下して、最近では一九人ほどになっている。平均寿命はこうして一九五五年における五十四歳から、八八年では両性を総合して六十八歳までになった。現状では戸籍記録が不備のため、一九四五年以後の死亡率を確定することはできなかった。とはいえ、このような年齢構成のもとで、フランス領ポリネシアにおける死亡率が、世界保健機構による標準世界人口を参照するなら、こんにち一〇〇〇人あたり九人でしかないということには、注目しておいていい。この率はフランス本国では一〇〇〇人あたり五・二人（一九八六年）、南太平洋地域では五・二人、オーストラリアでは五・一人（一九八六年）、ニュージーランドでは六人（一九八七年）だ。またフランス領ポリネシアの標準死亡率はレユニオン島のそれ（一九七五年で一〇〇〇人あたり七・六人）やマルチニック（六・二二人）よりも明らかに高く、六〇年代のフランス本国の数字に匹敵し、また他の点では似かよったところがある同時代のよその国、たとえばセイシェル（九・一七人）、香港（九・五四人）、トリニダード・トバゴ（九人）、などの国々に匹敵する（WHO、一九八八年）。

2　人口の移住

(A) 国際移住のはたす役割は取るに足らない——フランス領ポリネシアにおけるCEPの開設は、

この地域への人びとの大量の移動をもたらしたが、それはほとんどフランス本国およびヨーロッパ諸国からの人間だった。この動きには二つのタイプがある。大部分は一時的なもので、CEPおよび連動する部門（とくに公衆衛生や教育の強化）にかかわる軍人・民間人の移動だ。それよりははるかに数が少ないのが、移住ないしは長期居住で、これはさまざまな理由によりポリネシアに定着することを選んだ人びと。軍務やその他の役職でキャリアの一時期をこの地域ですごしたあと、ここで引退することにした人や、ポリネシアに「腰を据える」ことを決めたアーティスト、企業家、「根なし草《デラシネ》」といった人が、その典型だ。けれども、逆説的だが、たとえフランス本国とその海外県・海外領土のあいだを人びとが自由に行き来できるとはいっても、ポリネシアが本国からの大量移住の目的地になったことは、一度もない。それなのに、ポリネシアは、本国の多くの一般人に地上の楽園であると思われ、内情をある程度知っている人たちには税金天国であると見なされているのだ。おそらくこの地域が遠くにあり、移動にお金がかかるせいで、そんな動きに歯止めがかけられているのだろう。

実際、国勢調査や自然増加数から人口の推移をよく検討すれば、人の出入りは人口の増大にわずかにしか関わっていないことがわかる。次頁の表は国勢調査と自然増加の結果から作成したものだが、人口増加から自然増加分を引いて得られた、移住による増減をしめしている。いずれも、国勢調査ごとの期間の年平均増加率としてしめされている。

（B）国内移住は再分配の役目をはたす――一九六〇年以前には、各諸島からタヒチへの人口移動は、農産物の販売あるいは各種備品の購入といった流通関係の動きか、保健医療関係、また祝祭といった目

人口の増減

五年期	自然増減	移住による増減	増加合計
1946〜1951年	+1.9	-0.1	+1.8
1951〜1956年	+3.0	+0.0	+3.0
1956〜1962年	+3.2	-0.8	+3.4
1962〜1971年	+3.2	+0.5	+3.7
1971〜1977年	+2.6	-0.4	+2.2
1977〜1983年	+2.4	+0.6	+3.0
1983〜1988年	+2.5	+0.1	+2.6

的に限られていた。二十世紀前半のこの動きのことは、ポリネシア人が「ティウライ」（七月十四日）のお祭りに参加するためにタヒチを訪れ、ついでに植民地病院で診てもらうといった話となって、しばしば残っている。この往復は大部分の場合、数週間、長くても数カ月で、人びとをもとの島に戻らせていた。

一九六二年、ＣＥＰの開設とともに、新たな文脈が生まれた。相当な労働力が必要になったためだ。これによって島々からタヒチにむかう人が非常に多くなり、それよりは少ない数の人間が、トゥアモトゥ諸島（モルロア、ファンガタウファ）の核実験施設の、ほぼ恒久的な工事現場にむかった。これと並行して一九六五年以降、本格的国際空港の開設、地域内の航空網の発達、島間定期航路の整備が、こうした移動を容易にした。伝統的経済活動が衰退するにつれて、タヒチは種々の近代化、とりわけ公衆衛生のインフラ整備に専念することになった。

一九七二〜七七年、一九八三〜八八年の期間についての、市町村ごとの人口動向を見ると、移住の動きがタヒチに集中するかたちで、長期にわたって人口の不均衡を助長してきたことがわかる。近年になって風下諸島（観光産業のため）ならびにトゥアモトゥ諸島北西部（真珠養殖のため）への人口再分配が進んでいるとはいえ、オーストラル、マルケサス、ガンビエといった他の諸島、そしてトゥアモトゥ中部・東部では、あいかわらず見たところひどい人口流出が続いているようだ。全体としては、一九七二〜八八年にかけての期間では、移住による人口増加が見られたのは風上諸島とトゥアモトゥ＝ガンビエ諸島（ハオおよびモルロアの軍事基地との関連）であり、その他の三つの諸島では移住により人口が減少した。

こうして、フランス領ポリネシアは、人間の移動がはたす役割について見るなら、南太平洋の他の島国や領土とは、明らかなちがいがある。外への移住は住民のごく一部にしか見られず、ざっと見て一九四五年以来、フランス領ポリネシアでは移住による人口の増減はわずかにプラスだった。これに対して近隣の島々では、たとえばクック諸島のように、国内・地域内よりも海外に居住する人口のほうが多いという例が見られる。CEPの開設は、どうやらフランス領ポリネシアの人びとが大量に移住にむかうのを押しとどめたらしい。ところがポリネシア内部で見ると、移住の動きは重要であり、一九六〇年以来、加速してきた。それはもっぱらタヒチへの集中というかたちをとっているが、周辺諸島の人口減少をもたらさずにすんでいるのは、自然増加数がきわめて多いからだ。

3　人口動態的現実から図表モデルへ

ざっといって、過去二〇年のフランス領ポリネシアの人口の空間的な動きは、以下に述べるようなかたちで端的に表わすことができる。それによると、近代化が進む中心からの地理的位置によって人口の動きがだいたい決まるということが、はっきり見えてくる。

——周縁部には、都市化されていない、長らく農業で生きてきた、高い島々がある。その田舎らしい暮らしぶりによっても、オーストラル諸島やマルケサス諸島のように絶対的距離によっても「遠い」島々だが、ときには風下諸島のように物理的距離としては近いものもある。これらの島々それぞれの中心になる町は、本当に魅力的な中心ではない。ただし生物学的な活力は、非常に大きい。それで、これらの多産な貯蔵庫は、二〇年来、タヒチには食糧を、CEPの戦略基地には必要な労働力を、供給しつづけることができた。

——中心には、二つの中心がある。行政的・政治的な公式の中心は、流入してくる移住者たちの大部分を吸収し、それを都市周縁部に流す。かれらはみずからの成功の犠牲者となる。南西部には戦略的・軍事的中心がある。これは秘密の中心だが、三〇年来ポリネシアの生活を支えてきたものであり、景気に左右されることなく、年に何千という高給の雇用を作り出してきた。しかしそれがその本性上、不安定なも

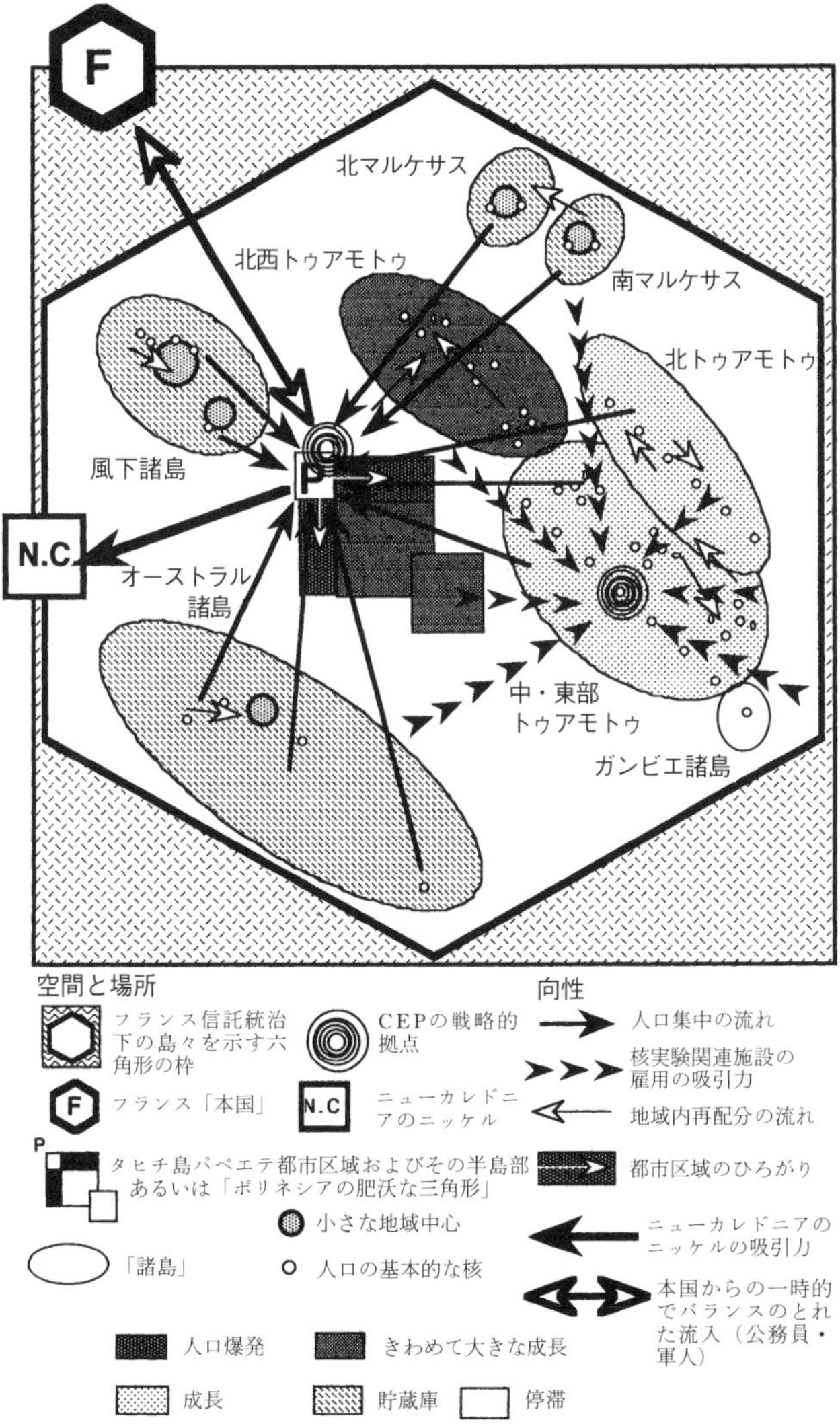

人口（1970年〜90年）：空間的総合見取り図

のであるのは、一九九二年以来の核実験停止が物語るとおりだ。

——最後に、昨日もこんにちも変わらず、パイオニア的な周辺部がある。それは冒険の世界であり、開発は「一発屋」的様相をおびる。天然真珠、リン酸石灰、そしてこんにちでは黒真珠。成長は局部的で不確実だが、それにはもっぱら巡回的な移住によって対応できる。

将来的予測としてどのような仮説がありえようとも、自然変化の数字の変遷を考えてみるならば、あと数年に迫った次のミレニアムのはじまりにおける〔本書は、一九九五年刊行〕フランス領ポリネシアの人口は、二十世紀なかばの六万人に対して、二五万人以上になるようだ！　これは過去三〇年の移住の結果から判断した、移住ゼロという仮説を採用したうえでのことだ。こうして見ると、多くの人が不当なものであると感じている、これ以上にあからさまな不平等——人びとが受けられる保健サービス面の不平等——を受け入れたり助長したり新たに作り出したりすることなく、人口の動きにきちんと対応し、さらにはそれを予見したいという意志にもかかわらず、必要なシステムを整えることはむずかしい。

III　人口動態的・衛生的・疫病学的な移り変わり

衛生面での指標は、とくにフランス領ポリネシアの場合、いろいろな意味での地理的指標にもなる。それは地域の依存ぶりや発展程度を強くしめすとともに、もっと細かく見るならば、島々のあいだ、諸島相互のあいだの、深い不平等をあらわにするからだ。したがって、指標はただそれ自体としてのみならず、他の指標ではわからない諸現象を明らかにしてくれるものとしても、考えることができる。

1　大変にゆたかな国の健康

死亡率の数字が好転していることは、出生率のそれとおなじく、保健システムの整備によるものだ。事実、この地域の保健状況は、過去三〇年の人口動態的・社会的・経済的変動に、密接にかかわっている。それにはいくつかの理由がある。保健の整備とは、植民地化の目立った特徴の一つだったのだ。こんにちでは、それは南北協力の、とくにフランス本国が行なう国際協力の、重要な一部となっている。フランス領ポリネシアの、海外領土という特異な地位は、この点について疑いなく好都合だ。保健関係の事業はまた、「南」の国々の政府がどこも苦慮するところだ。自治権のせいでこの地域は、一九七八年のアルマ・アタ会議で決議された「健康をすべての人びとに」という目標に同意し、そのために住民の全カテゴリーにまできわめて広くゆきわたった傷病保険システムを作り上げる手段を得ることができた。すなわち、給与生活者（社会保険金庫）、農業・漁業・伝統的手工業従事者（田園地域社会保障制度）、失業者（地域および市町村の管轄）のすべてに。

一九九三年の時点で二六〇〇万太平洋フラン（一〇〇太平洋フラン＝五・五フランス・フラン）以上という額の保険支出は、国内総生産の九パーセントに達している。三〇年足らずのあいだに、地域の保険支出は七三倍になったのだ。同時期に、地域の歳出は一三三倍になったが、それはこれまで本土まかせだった行政上の権限の大きな部分が地域に委ねられたという背景があってのことだ。同時期にはまた、インフレによって生活費が上昇している。一九六〇年を一〇〇とした場合、指数は七〇年で一七一、八〇年で四一三、八九年で八〇〇に達した。住民一人あたり二四〇アメリカ・ドル以上という、フランス領ポリネシアにおける公衆衛生関係の支出は、先進国政府のそれに匹敵する。ところがこの数字は、こんにち、原材料輸出総額の二倍にもあたるのだ！

2 衛生関係のきわだった努力

一九九三年の時点で三七六人の医師（一五一人が公立病院、二二五人が私立病院・医院）がいるフランス領ポリネシアには、平均して住民五六三人につき一人の医師がいることになる（一〇〇〇人あたり一・七人）。一九六四年には、この数字は住民二三〇八人あたり一人だった（一〇〇〇人あたり〇・四人）。私立化の傾向はフランス領ポリネシアを最先進国に近づけるが、全体としての医師数の割合は、フランス本土のそれにはまだ遠い（一〇〇〇人あたり二・五人）。とはいえ模範になっているのはやはり本土だ。それは本土が法律上の参照枠となっていることと、領土が権限をもっているとはいっても、実際の運営や医療にたずさわっているのはフランスで訓練をうけた、大部分は本土出身の人たちだからだ。以上に並行して病院のベッド総数は一九六四年の五〇〇床から三〇年間に倍増して、九四年には一〇〇〇床をわずかに超えている。最もこの数字は、すでに一九八三年の時点で達成されていた。

3 地理的不均衡が続いている

医療の地域分布は、深く偏っている。フランス領ポリネシアの総人口の七〇パーセントを擁するタヒチには、医師の八二パーセント、薬剤師の九六パーセント、歯科医の七八パーセント、入院用ベッドの八五パーセントが集中している。反対に、総人口の七パーセントが住むトゥアモトゥ＝ガンビエ諸島には、医師・歯科医・看護師の二パーセントしかいなくて、薬剤師も入院用ベッドもゼロだ。各諸島ごとの比率で見ると、最先進国並みかそれ以上ともいえる風上諸島（タヒチおよびモオレア）と、貧困国のレベルにある風下諸島・マルケサス諸島・オーストラル諸島・トゥアモトゥ＝ガンビエ諸島のあいだの不均衡は、はなはだしい。

それでも過去二五年のあいだ、当局にも住民にも明らかにまちがっていると見えるこの不均衡を是正するため、数々の努力がなされてきた。タヒチとモオレアを除けば、六〇年代はじめには、周辺の島々ではわずかに二つ、風下諸島のライアテアとマルケサス諸島のヌク・ヒヴァに、それぞれ一人ずつ医師がいるだけだった。こんにちでは、オーストラル諸島の有人の五つの島のうち四つ（住民数は一〇〇〇人から二〇〇〇人）に、一人ずつの医師がいる。マルケサス諸島では、一五〇〇人以上の人口をもつ三つの島に医師が一人ずついる（それ以外の三つの島の人口は六〇〇人以下）。風下諸島では、人口が八〇〇〇人にみたないライアテアに八人の医師がいて、それ以外の有人の三つの島にはそれぞれ一人いる。広範囲に小さな集団が拡散していることを特徴とするトゥアモトゥ＝ガンビエ諸島では、状況はこれよりずっと悪い。有人の島四五のうち、たった二つ、ランギロアとマンガレヴァにだけ、医師が居住している。八〇年代はじめ以来、新しい島への医師の駐在は停止されてしまった。いうまでもなく経済的問題のせいだが、希望者を探すのがむずかしいこともある。これまでのところ最も新しく医師が住みはじめたのはマンガレヴァだが、ここはタヒチの南東一四〇〇キロメートルに位置し、飛行機は月に一、二本飛ぶだけであり、対象となる人口は六〇〇人しかいない。

近年、歴史的条件が変わりポリネシア経済が外向きになるにつれて、人口の集中と並行するかたちで医療施設・人員も集中することになった。こうして、世界中どこでも見られることだが、都市／田舎の不均衡がひどくなった。医師は都会で仕事をするほうを好み、看護師は（若い教員もそうだが）遠隔地への配属を嫌い、なかには公立病院での経歴をあきらめてしまうものも出ている。この不平等を是正しようとして救急医療制度が整備されたが、これは独創的ではあるがコストがかかり、通常は医療施設の整っていない地域の人びとにハイテク医療を提供するというその方針自体がいっそう設備の集中につながって、不均衡をひどくする要因となっている。こうして、タヒチに住んでいるか、他の島に住んでいるかによって、医療の速度が完全に二つに分かれている。環礁の看護師と都市の専門医のあいだには連絡がない。このことも、すでに満杯だとはいえ都市圏に多くの人をひきつけることにつながっている。

4　中央＝周縁の不均衡の悪化

（A）公衆衛生部門では、タヒチと周辺の諸島のあいだには何につけても不均衡があり、それは以下のような点で明らかだ。

――特定の感染症・寄生虫症による死亡率は風上諸島よりも周辺の島々のほうが、一・六倍も高い。これは消費ときわめて不平等な医療（とりわけ病院施設）と一致しているようだが、それのみならず、より伝統的でより感染のリスクにさらされている生活様式にもむすびつけることができるかもしれない。

――周辺諸島の死亡率の高さは、とくに胃腸の感染症による死亡の場合はっきりしているが、これは乳幼児に多く見られ、生活水準をはっきりと物語っている。大雑把にいって、この分野では中心と周縁の比率は一対三になっている。

――腫瘍による死亡の危険性は、おそらく風上諸島よりも周辺諸島でのほうがわずかに低いようだ。喫煙の習慣による癌での死亡には有意の差は見られず、これは島々での煙草の消費量の多さと一致している。

――糖尿病の併発症による死亡は周辺諸島でのほうが六〇パーセントも少ない。おそらくこれは、輸入食品が農業・水産業による伝統的食品に完全には代わっていない島々のほうが、まだバランスのいい食事をとっていることに関係しているのかもしれないが、栄養学的な調査はまだ行なわれていない。

――循環器系の疾患が死因となっている例は、風上諸島でのほうが多いようだ。虚血症や心筋梗塞の例は、明らかに多い。この危険性は風上諸島を一としたとき周辺諸島では〇・四となり、それは人口の大多数がそうした危険にさらされている生活様式によって説明がつくと思われる。

フランス領ポリネシア各諸島の状況を表わすおもな要素の分析

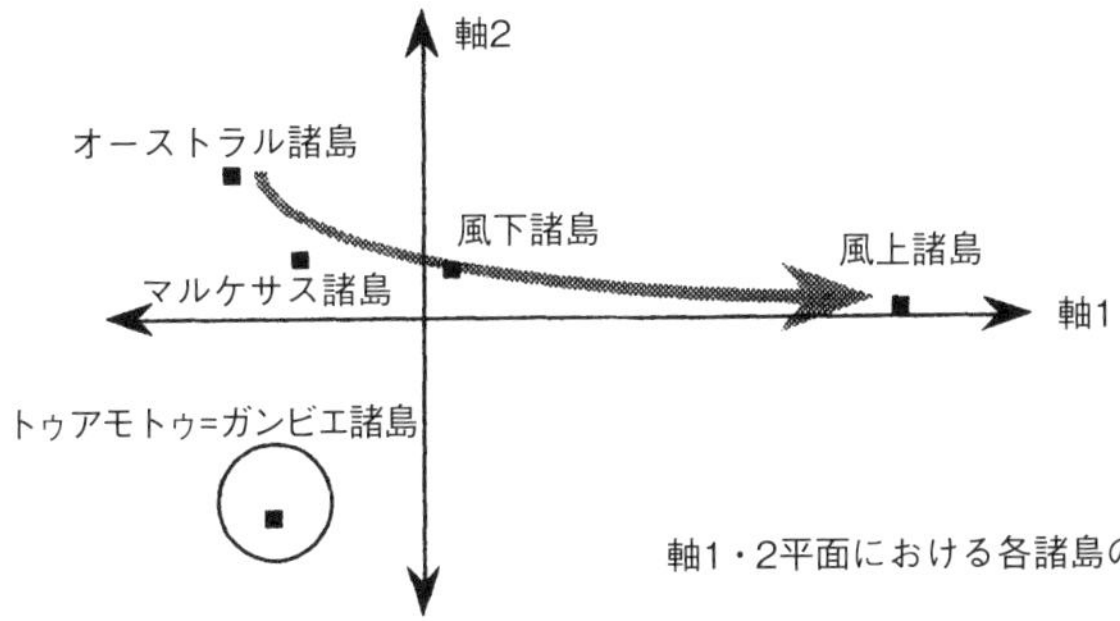

軸1・2平面における各諸島の位置

――先天性疾患や胎児期の感染については、風上諸島よりも周辺諸島での死亡例が多いわけではない。このことは、これ以外の病例における要因の意味を裏書きしている。

――最後に、外傷や毒物による死亡は、風上諸島よりも周辺諸島でのほうが四〇パーセントも少ない。これはタヒチでの交通手段の発達とむすびつけられるかもしれない。

(B)諸島ごとの不均衡はまた、人口動態的な変数、さらには社会的・経済的・公衆衛生的な変数を考慮に入れることで、より包括的に理解できるだろう。その主要成分の分析のために、フランス領ポリネシアの五つの諸島と五四の変数を図表化してみた。この分析の詳細には立ち入らないが、それが立つ原則は、指標相互の相関関係から非常に複雑な情報を読みとることにあるのだという点は、指摘しておこう。上の図で、軸1は二つの変数群をきわめて強く対立させている。プラスの極に集まっているのは、数値が高いほど経済的近代化と生活の西欧化が進行していることになるような変数群だ。

しかしこの軸からはまた、心血管性疾患や外傷や交通事故による死亡数の相対的な高さも読みとることができる。それとは逆にマイナスの極に集まっているのは、数は少ないものの、外部援助に従属しているとまではいわなくても経済的・社会的発展が遅れていることを非常によく物語る、いくつかの変数だ。事実、人口の土着性の高さ、給与労働の少なさ、漁業・農業の相対的重要性、教員有資格者の不足といった変数を考え合わせると、よその場所以上に公務員が重要であることがわかる。軸2はおそらくそれほどにははっきりしていない、少なくともそれほどには一義的に語れない状況を、対比している。軸2のプラス側に集められた変数は、学校教育の高い普及率、水道や電気の普及などであると同時に、高い失業率、不充分な病院設備、死亡原因に占める感染症・寄生虫症の驚くべき大きさでもあるのだ。

マイナスの極のほうも、それに劣らず複雑だ。それは低劣な生活水準をしめす数字（医療の弱さや簡易住宅）とともに、外向きになった経済（高い活動人口、男性がずっと多い性比率、島々で暮らす多くの外国人や移民）をしめす数字を集めているからだ。これらの変数を考え合わせてみると、充分に制御されていない、人工的な、地元の生活に反映されていない経済の姿が、強く浮かび上がってくる。この文脈で見ると、軸2がもつ意味の複雑さは、フランス領ポリネシアの諸島ごとに異なった状況を理解するのに、非常に役立つ。軸1、2の表に出てくる島々が記載された地図では、おそらく最も「伝統的」なオーストラル諸島と、ずばぬけて西欧化が進んだ風上諸島のあいだに、途中にマルケサス諸島と風下諸島をはさんだかたちで、まるで発展の連続体ができあがっているかのように見える。これらの諸島のうちには、基本的生存だけではなく発展に関しても、不可欠な前提をまるで欠いているところはなさそうだ。これに対して、有人の五〇ほどの環礁からなるトゥアモトゥ＝ガンビエ諸島の発展は、どうも不確実だと思われ、現状では外部の経済に密接に依存しているようだ。真珠の養殖も、目立った軍施設も、これらの島々の生活の向上に役立つような展開をもたらすとは思えず、観光産業もまだごく初期段階にある。

(C) 近代化された経済活動が差異を生んでいる——フランスがモルロアでの核実験を停止すると発表したことで、ポリネシアは不安定な明日を強いられることになった。地元では、実験施設という新たな基盤の上に経済的・社会的発展の道を探り、輸出可能な「富」の一覧を作るということが、すでにはじまっていた。こうして、同領土最初の価値ある輸出品としての黒真珠に、人びとの希望がかけられることになった。伝統的な生産による経済活動の衰退と停滞をまえにして、真珠の養殖は過去一五年ほどのあいだ、環礁の住民にとっても領土当局にとっても、まぎれもない救命ブイのように見えていた。トゥアモトゥで真珠養殖の最初の試みがはじまったのは、ようやく六〇年代終わりのことにすぎない。それ以来、その歴史はまるでゴールド・ラッシュの様相を呈した。マニヒに最初の養殖場が開かれたのが一九六八年で、まもなくタカポトのそれが続いた。八〇年代はじめには一〇の島に一三の組合があり、三〇〇人が参加していた。一九九二年には、合計二〇〇〇人以上の雇用を作り出している、一〇〇以上の組合および家族経営の養殖場に対して、七三一ヵ所の海洋使用権が認められた。どの数字を見ても、驚くべきブームだったことがわかる。一九七二年には、輸出された真珠は一五六三グラム。八〇年には三〇キログラム、八五年には二〇六キログラム、九〇年には一・二トンにまで達しているのだ！一九八〇年以来、黒真珠はポリネシアで最も価値ある輸出品であり、同領土の外貨獲得高第一の品目となっている。とはいえ、それは同領土の輸入総額にくらべるなら、三パーセントにしかならないのだが。

すべてのゴールド・ラッシュがそうであるように、これもまた一過性のものでしかないのかもしれない。天然の真珠貝はこんにちほとんど底をつき、また数年前から真珠貝の死亡率が非常に高くなっているが、これはラグーンがあまりに人間により汚染されたためかもしれない。核を埋めこんだ真珠貝の平均死亡率は、一九八五年の三四パーセントから、八八年には六三パーセントに達しているのだ！その一方で、真珠の生産量の増大は、価格の下落にもつながっていた。最大の買い手である日本の不況に、南太平洋の他の競争相手の登場によってすでに生産過剰になっていたことが加わり、さらにアメリカ合衆国やヨーロッパでは需要が減りはじめている。価格はすでに相当下がった。一九九二年における真珠の平均価格は、一九九〇年の相場よりも四〇パーセントも低いのだ！真珠養殖の発展は、もはや無限に続くものとは思われなくなった。こうして、たしかにタカポト、タカロア、アルトゥア、マニヒ、そしてガンビエ諸島といった島々は真珠養殖で発展したものの、他の島々では努力が報われず、周縁化がいっそうひどくなることを覚悟しなくてはならない。

漁業、農業、畜産業の、その他の資源についてもおなじこと。さまざまな努力がなされ、未来がどれだけ語られようとも、ポリネシアがまったく自給できないということは明らかなのだ。漁業は低迷し、韓国と日本の漁民たちは漁獲高が低いことを第一の理由に、フランスとの漁業協定締結を拒否した。地元だけで見るなら、タヒチには平均して年に四〇〇〇トンの魚が水揚げされる。この数字は住民一人あたり、骨付きで量って一日五〇グラムの魚にしかならない！　これでは漁業努力を二倍、四倍にしたところで、栄養の自給自足にはほど遠い。そのうえ、ポリネシアの経済水域が巨大な海の砂漠とでもいうべきところだということは、すでに証明されている。人がおおいに期待をかけ、さんざん喧伝してきたジャガイモ作りにしても、数字を見れば明らかだ。一九九二年には六五四トンが生産され、これは住民一人あたり三・二キロにあたる…ただし一年につき！　畜産・農業ともに、ほとんどすべての産物に関して、事態は同様だ。唯一儲かっているのは、タヒチにおける野菜栽培で、これは温帯からの野菜の流入のないまま採算のとれる市場が近くにあることで利益を上げている。それ以外のすべてのところで農業は衰退している。気候条件のいいオーストラル諸島でもおなじことで、ここはタヒチの都市市場からあまりに遠すぎるのだ。コプラは一九九三年には一万トンを生産したものの（うち六三パーセントはトゥアモトゥ）、その存続は助成金にすっかり頼りきっている。

おなじく、そう考えられがちなのとは逆に、観光産業は地域的に非常に限定されていて、国内総生産のわずか五パーセントを占めるにすぎず、経済的には二次的なものでしかない。観光産業はおよそ五二〇〇人に雇用を提供しているが、これは雇用総数の八パーセントほどだ。当局によるインフラ整備や明言された意欲にもかかわらず、ポリネシア観光がもつ大きな可能性は、事実上、未開発のままにとどまっている。観光とは投資と根気を必要とする産業であり、長年のあいだにそれが「一発勝負」にはならないことがはっきりしたために、ポリネシアの投資家たちはそれに本当には興味を抱いていないようだ。観光産業にどうしても欠かせないのは、国際的な大ホテル・チェーンの存在と、観光客の輸送が太平洋地域の主要航空会社各社によって積極的に行なわれることだ。この点が、おそらく理由なのだろう。いずれにせよ、まるでこれらの「天国みたいな島々」(1)のために発明されたのだと誰もが信じるにちがいない観光という産業は、たいして育っていない。遠さ、高い航空運賃、ホテルやツアーのサービスの質/価格があまり見合っていないこと、そして外部で宣伝されているような天国みたいなイメージに必ずしも一致しない地元の現実。一九八六年以来、訪問客の数は減少傾向で、いくらか持ち直した一九九三年を除けば、全体としては過去二〇年の観光産業の成長はごくごくつつましい。一九九三年でさえ観光客の数は一五万人にみたず、これは二〇年前にくらべてやっと五万人増えただけ。一九九一年には一二万人だった。この結果、観光産業はごく局地的なものにとどまっており、事実上、四つの島以

島別ホテル数・室数

	ホテル（1993年）		室数（1993年）	
	数	（%）	数	（%）
タヒチ	14	26.4	1183	40
モオレア	13	24.5	974	33
ボラ・ボラ	8	15.1	449	15.2
フアヒネ	6	11.3	174	5.9
その他	12	22.6	175	5.9

出典：フランス領ポリネシア観光局

外には無関係なのだ。

実際、観光客五人中四人がタヒチを訪れ、モオレアには五人中二人が行くのに対して、ボラ・ボラを訪れる人は三人中一人。それ以外の島々には、交通の便はけっして悪くないのに、はるかに少ない数の人しか行かない。こうして、ライアテア、フアヒネ、ランギロアに行く人は、観光客の一パーセント以下にすぎない。

（1）観光旅行の行先として南太平洋はとるに足らない割合しか占めないにもかかわらず、旅行代理店のパンフレットにはボラ・ボラの島影やモオレアのビーチの写真が飾られていることが非常に多い。

第四章　一つの中心、たくさんの周縁

くりかえしておこう。フランス領ポリネシアの人文地理の基本的特色は、タヒチ島の北西部四分の一に人口とインフラが集中している点にあり、他方では周辺の島々の大部分において人的・経済的装置が分散し乏しいという点にある。フランス領ポリネシアは、はじめから多数多様であることを謳い文句にしてきた。それは不均衡にみちた奇妙な状況であり、それ自体、地理学的には数々の疑問を起こさせる。ところがヨーロッパから見ると、ポリネシアの人文地理は、たいがいは変化に乏しいものと見られている。「ヨーロッパの介入以後、ポリネシアはその均質な人文地理を失った」（P・グル『人文地理のために』、フラマリオン、一九七一年）ことを忘れているのだ。これは「甘美で調和がとれ不変のポリネシア」というイメージには合わない。だがそのイメージこそ、こんにちでもヨーロッパで好んで思い描かれるものなのであり、そのとき人は、それが二世紀以上も昔の、おそらく啓蒙主義者たちの精神のなか以外には――そしてまずはその神話を有名にしたディドロの精神（D・ディドロ『ブーガンヴィル航海記補遺』、パり、一七七一年）のなか以外には——存在したためしのないものだということを忘却している。

I　地域形成の現実的基盤

こんにち、フランス領ポリネシアに住むか訪れる人、あるいは地図を丹念に読む人にとっては、すでに強調したようないくつかの特徴は、はっきりわかるだろう。これらの特徴こそ、空間の構造化の決め手であり、同時に同領土の国土整備に関して世界でもあまり類例がないような課題を与えているものだ。——遠く離れているせいで、物資供給や地元の産物の流通がむずかしく、経済的・社会的生活のあらゆる領域でコストがかさんでいる。——人口が少ないために、共和国水準でいえば当然必要とされるような基盤インフラを各集団ごとにそろえることができない。また、やはりこの数の少なさのせいで、生産活動のほとんどは採算がとれない。

このような文脈では、政治的・経済的権威が絶えず強調しているように、「頻繁で良好な海路による島間交通は死活に関わる重要性を帯び、港・空港のインフラの問題は格別な危急性をもっている」（海外放送研究所年次報告、一九九三年）。

こうしてポリネシアでは、おそらく他の地域以上に、あらゆる種類の流れ（観光、移住、物流、情報やサービスの流通）を決定する海路・航空路の輸送が、このうえなく重要なのだ。結局はそれが、実際にどの諸島に属しているかを超えて、空間を構造化することになる。たとえば風上諸島の小島マイアオの住民は、トゥアモトゥ北部のマニヒの人びとよりも、タヒチから遠い。港も空港もないせいだ。そしてヌク・ヒヴァの住民たちの状況は、おなじ理由によって、おなじ諸島内のファトゥ・ヒヴァやタフアタのような島とは、同列に論じられない。

かくして、諸島ごとの概観は、たとえ完全に「自然で正当」なものと見えようとも、実相を見抜くためにはあまりに図式的すぎるところがある。それは単純な分類学の問題だ。それぞれの諸島が一つのクラスを構成すると考えるなら、クラス内の差異がクラス間の差異よりも大きい場合だって認めなくてはならないが、これは良い解決策とはいえない。それにこんな分類で一番困るのは、言葉の意味や内容を説明する以前に、暗黙のうちに形容詞によって特徴を語ってしまうという点だ。マルケサス的とかトゥアモトゥ的というのはいいが、それで？ いったい何を意味しているの？ そもそもこうした呼び名は植民地行政からそのまま受け継いだものだということを、思い出しておく必要がある。それらの呼び名にはそれ以外の意味はなく、地理学的分析にとっては、行政から借りた安易な統計的枠組以上には役に立ってくれない。

Ⅱ　地域差の基盤をなす輸送システム

ポリネシア空間を構造化するのは輸送だということの証明として、さまざまな程度の「飛び地性」と人口動態的・経済的ダイナミズムの種々の指標のあいだの、相関関係を見ることができる。飛び地性の程度は、港・空港のインフラ整備という単純な分類に従って、島ごとにその質を採点してゆけばいい。そのうえに便数という要素を加えてもいいが、便数は変わることがあるし、需要の原因でも結果でもありうる。港と空港を同程度の比重で考えるのも微妙なところで、そのため以下の図表はこれらのインフラのしめす数字をいくつもの組み合わせでとらえ、フランス領ポリネシアの有人の六七の島におけるその他の多様な指標との相関係数を提示しているわけだ。こうした指標が測っている現実が正確には何であれ、経済的ダイナミズムと島々の飛び地性のあいだにはっきりとした相関関係があることは、明らかだ。輸送活動をどんなふうに数字化しようとも、そこから生まれる以下のような分類は、通常の諸島ごとの分け方とは一致しない。

――輸送のヒエラルキーの頂点には、もちろんタヒチがある。ポリネシアの輸送ネットワークの中心であり、同領土にむかう国際交通の中心だ。しかしこのレベルにはまたトゥアモトゥ諸島のハオ、モルロア、ファンガタウファといった軍事化された島々もあり、毎日大型輸送機が飛び、水深のふかい港をもっている。現実に、二つのシステムが共存しているのだ。一方に、軍に関する国家の特権行使。他方に、中心と周縁のあいだの交易やタヒチ所在の行政の任務遂行という、同領土の必要を満足させることに充てられたもの。

――ついで、タヒチのそばの観光的な島々がある。毎日小型機が飛び、沿海航行を可能にする港のインフラが整備された、フアヒネ、ライアテア、ランギロア、そしてとりわけモオレアとボラ・ボラだ。これらの島の人口、タヒチへの近さ、観光地としての重要さが、アクセスの良さと整備の原因でもあれば結果でもある。

――観光的な島々ないしは潜在的に観光向きの島々にくらべると、航空路のみならず海上交通でも明らかに不便なのが、「活性化した周縁」とでも呼べる一群に属する島々だ。ぜんぶで一二ほどあるこうした島々は、いずれも同領土内では比較的人口が多い。各地の小さな中心となっている島々で、付随する小島とタヒチをむすぶ中継地となっており、ところによって行政的性格が強かったり（ヌク・ヒヴァ、ヒヴァ・オア）、観光的だったり（テティアロア、マニヒ）、農業や魚の養殖が盛んだったりする（マウピティ、ティケハウ、ファカラヴァ、トゥブアイ、ウア・ポウ）。最近ではそれに、真珠養殖に専心するトゥアモトゥのい

島々の飛び地性と流動性

飛び地性の基準	A	P	P+A	P2+2A2	P2+A2
流動性の指標：					
人口実数	**0.48**	**0.42**	**0.66**	**0.65**	**0.65**
人口のランク	**0.58**	**0.57**	**0.6**	**0.7**	**0.69**
1983年〜88年の増加率	0.1	0.02	0.23	0.09	0.23
移住による人口増	0.08	**0.33**	0.27	0.22	0.22
給与生活者の割合	0.21	**0.61**	**0.53**	**0.56**	**0.63**
第一次産業従事者の割合	-0.17	**-0.42**	**-0.37**	**-0.44**	**-0.5**
第二次産業従事者の割合	0.17	-0.12	0.0057	0.1	0.07
第三次産業従事者の割合	0.11	**0.54**	**0.42**	**0.46**	**0.54**

太字：有意の線形相関係数（p＜0.05）
P＝港：0：港湾設備なし　1：岩礁に捕鯨船の泊地あり　2：ラグーンに簡単な港あり　3：ラグーンにスクーナー用の防波堤付の港あり　4：大型船舶停泊可能な港あり
A＝空港：0：飛行場なし　1：1,200メートル以下の滑走路あり　2：1,200〜2,000メートルの滑走路あり　3：2,000メートル以上の滑走路あり

くつかの島々が加わった（マニヒ、タカロア、アパタキ）。どの島も週に最低一回は小型機の便がある。

——その次には、平均すると二週間に一本程度の便がある飛行場を有する、三〇ほどの島々がある。アクセスこそあるものの、しばしばタヒチからは遠いこれらの島々は、観光的視点から見るなら「冒険ポリネシア」と呼ばれる一群だが、より一般的な見地から見るならば「周縁ポリネシア」と呼んだほうがいいだろう。

——これとおなじくらいの数の島々が、いっそう周縁的な位置にある。滑走路はなく、ごく簡素でたまにしか船がこない船着場だけをもっている。ここにもいつかは空港が整備される順番がまわってくるとは考えられないとしたら、取り残されたポリネシアとでも呼ぶしかなくなる。けれども、七〇年代終

わりから八〇年代はじめにかけてかなりの件数が建設をされたあと、空港の建設はいまのところ打ち止めになっている。

——以上に対して、飛行場も港も船着場ももたない五〇ほどの島々は、「忘れられた」あるいは「見捨てられた」ポリネシアと呼ぶべきだろう。その大部分は環礁で、しばしば大変に小さく、またパスはなく、あるいは周辺諸島の非常に小さな高い島で、遠く、孤立している。

このような分類には、島の住民が現代経済活動に、そしてその具体的表現としての生活様式・生活環境に、はたしてどの程度までアクセスできるのかということに関して、非常に大きな差があることをはっきりさせるという利点がある。けれども輸送の問題だけが、同領土の発展をさまたげる唯一の大問題なのではない。同様に重大な問題には——本章のはじめに述べたように——人口の少なさもある。その観点からすれば、アクセスの良さは、たしかに必要な条件の一つではあっても、現代経済・社会への統合の同義語とはいえない。

Ⅲ　複数要因から考える類型分類

したがって、はっきりさせておくなら、輸送手段のみによる地域区分は、充分ではない。とはいえ統合の度合い、ましてや良い統合が行なわれているかどうかは、アクセスの良さよりもいっそう測るのがむずかしい。それでもやはり、島の人口動態、それを構成する家族構造、住居や経済活動などを描き出す、国勢調査によって得られた一組の指標に従って具体的事実を測ることにより、統合の度合いに客観的に迫ることはできる。これは、「発展」を「消費社会への参加」の同義語にしたがっている、同領土で支配的なイデオロギーに必ずしも服従することなく、ある共通の座標系を利用することを可能にしてくれる。

こうしたデータは、しかし各島ごとに得られるのではなく市町村《コミューヌ》ごとになるが、この単位はとくにトゥアモトゥでは、ときにはいくつかの島にまたがっている。その代わり、この尺度で考えるなら、タヒチが一二、ライアテアが三つに分かれ、島内部での差異化を許してくれるという利点がある。

具体的にいうと、国勢調査で得られた一〇三の変数によって、同領土の四八の市町村の住民の、現代経済・社会への統合の度合いを判断することができる。そこに四つの追補的な変数を加えなくてはならない（面積、人口、人口密度、人口の年平均変化率）が、これは島のさまざまな問題の下につねに横たわっている問い、住民たちの生存能力《ヴァイアビリティ》とそれをしめす数字を考えるためだ。

こうした変数のすべては、互いに孤立した結果にむすびつく、独立の数字なのではない。これらはしばしば、おなじ基本的諸価値の近似なのであり、それぞれがその一部分や微妙な差を表現している。すなわち、統計学的にいえば、いずれもおなじ情報の主要因子ないしは構成要素なのだ。近代統計学の情報処理あるいはデータ分析の方法——因子分析と自動分類の方法——は、複雑な風景をなんとか理解しつつ、できるかぎり同質の地域的存在を定義し画定するという地理学の仕事に、完璧に応えてくれる。この方法はよく知られていて、コレクション・クセジュのなかでも基本的なもの（六五四番『データ分析』、二〇九五番『因子分析』）から地理学への応用をめぐるもの（一六九三番『新しい地理学』（邦訳：白水社文庫クセジュ六六四番『新しい地理学』）まで、いくつかの概説の対象となっている。とはいえこの方法は、まだまだあまりにも不充分にしか利用されていない。これらの問いに関して非専門家の読者に理解してもらうには、方法の実地の応用があまりに複雑だからだ。それならここでごく簡単に、こうした統計分析の対象と基本原理を要約しておくことは、たとえあまりに単純化しすぎだとの譏りをまぬかれなくとも、無意味ではないだろう。こうした分析結果の解釈には、事実さほどの数学の知識は必要ではなく、読者は尻込みするにはおよばない。

主要因子分析とは、さまざまに異質な基準を処理するのに最も強力で最も適した、多次元的統計分析の方法の一つだ。その目的は、多様なデータ群を分析する他の方法とおなじで、多次元的情報の要約を提供することにかかっている。多次元的情報とは、図表化するなら、n次元の変数空間において分散する個体の点がかたちづくる雲のようなものとして表わされる。そのために主要因子分析は、数々の初期変数のそれぞれに新たな変数を代入し、説明に役立つ重要度に従って、いくつかの主要な軸沿いに点の雲を並べてゆくのだ。これは因子軸と呼ばれるが、初期変数の線形の組み合わせであり、説明的な力をもつのは最初のものでしかない。因子軸はこうして、その形成にかかわった初期変数群のそれぞれの一部の合計として定義される。自明のことだが、因子軸はこうして、これこれの変数を「たくさん」、これこれの変数を「少し」、あるいはしかじかの個体を「たくさん」、しかじかの個体を「少し」というふうにとって作られる。これらの「スーパー変数」について個体がとる価（すなわち座標）が投影される図表上では、点相互の近さを読みとってゆく（多次元空間を平面に投影することから避けがたい歪みのせいで限界がなくはない）。けれども一般的にいって、そして以下の例でもそうなのだが、遠く離れた点は似ていない市町村を表わし、近い点は状況の似かよった市町村を表わすことになる。主図の余白にある主要諸変数の説明によって、因子軸の形成に最も深く関与する変数はどれかがわかり、このことから、市町村グループをその属性によって性格づけることが可能になる。図表を観察すると、しばしば、細部に目がゆく。ところが結果を読みとるためには、まず全体的な現象に興味を抱かなくてはならない。点の雲のかたちを決めるのに一番重みのある市町村はどこか、その差異化に最も貢献しているのはどこか、そしてついには、雲の展開軸を決定するもの、すなわち最初の因子軸の形成を決めるのはどこか。

自動分類という方法が、因子分析をよく補足してくれる。けれども、因子分析が本質的な説明的情報（とはいえ多次元の分厚い雲のなかに隠されている）を明らかにすることをめざすのに対し、自動分類は一般的に、分析対象の個体群を分割する。分類によるヒエラルキー形成は、個体群を二つずつに組み分けすることで進み、一つのクラスにゆきつくまで続ける。したがって組み分けの作業は段階的に行なわれ、きわめて大きな数の反復計算を必要とする。

——第一段階では（これはn＋1からはじまる、なぜならn個の個体はそれぞれ一個体で一つのクラスを構成しているため）、個体群がn個の変数によって性格づけられている図表において、最も互いに似かよった二つの個体を決定することからはじめる。われわれの場合、測定した特性から見て、どの二つの市町村が最も似かよっているかということだ。この二つの市町村をまとめて第一のクラスとする。

——第二段階（n＋2）では、n－1の図表において最も互いに似かよった個体（クラス）はどれかを求める。ついでそれを加えて図表n1、2を作る。

——このやり方で計算を反復し、全個体を含むただ一つのクラスが得られるまで続ける。

二つの個体（あるいはクラス）が似かよい凝集するあり方を決定するのに役立つ方法は、たくさんある。以下の記述については、細部を知らなくても読むにはさしつかえない。ただ、ここで使われている方法とは相互隣接というものだということだけ、述べておこう。

得られる結果は指数つきの分類樹で、各クラスには、それがいつどうやって形成されたかを同定することができる序数がつけられている。最初の四八のクラスにはクラスごとに一個体しか含まれず、最初の「真の」クラスは二つの個体を集めたナンバー四九であり、最後のクラスはナンバー九五で四八の市町村すべてを含んでいる。この分類樹は、いろんなかたちで読むことができる。最初の読みは、各クラスの内容を列挙していくもの。第二の読みは、どんなクラスからそれに続くクラスが形成されるのか、あるいは一つのクラスがどんなふうにして二つの下位クラスへと分裂するのかを見てゆくこと。こうして、たとえば以下のようにいえることは、非常に得るところが大きい。「ピラエは地理的隣人というべきアルエやマヒナ以上に、プナアウイアと凝集する」。これはピラエが他の二島以上にプナアウイアに似かよっているということだ。同様に、タヒチの市町村であるファアアやパエアが、都市圏の他の市町村以上にウトゥロアやライアテアといった市町村と共通点が多いということも、こうして教えられる。さらにもう一つの認識は、これこれのクラスがいつ形成されるかをつきとめることから得られる。最も早く形成されるクラスこそ、他のものにくらべて最も差異化が進んだクラスであり、またそれを構成する個体について見るなら最も均質なものだ。こうして、都市圏の市町村グループや、他にも強く典型的なグループは、非常に早くからはっきり他とちがうことが明らかになるのに対して、ずっとあとになるまでクラスとして分かれないものもあるという点は、知っておいて役に立つ。

クラスの解釈は、出発点にあったデータ図表をもとに行なわれる。あるクラスがいったん同定されたなら、一〇三の変数（特性）のすべてについてクラスを構成する各個体がとる値の平均値を求め、こうしてクラス全体のプロフィールを得ることができるわけだ。

同領土の四八の市町村とその記述子一〇七（一〇三＋四）個をかけあわせた図表について行なわれた主要構成要素の分析では、ポリネシア空間のきわめて強い構造化がはっきりとわかる。その結果、諸因子の図表を、比較的容易に読みとることができるようになる。最初の二つの因子軸の交差によって生まれる平面だけでも、初期データに含まれ、一〇三次元の完全に理解可能な空間に潜在的に書きこまれている情報の五〇パーセント（軸1が四〇パーセント、軸2が一〇パーセント）を要約しているのだ。次頁の図表では、四八の市町村がこの主要因子平面に位置づけられ、これらの軸を最もよく説明する諸変数の投影図は、先ほどあげた変数コードを参照することで、そこに形成される凝集の解釈を助ける。

軸1により、二つのグループの市町村を、まっこうから対立させて考えることができる。軸のマイナス極には、ポリネシア系民族の住民たちの存在を特徴とする市町村のグループがある。ここではポリネシア系言語がフランス語よりも好んで話され、また書かれ、大人たちの大部分は高等教育をうけておらず、農業・漁業・畜産業に従事していることが多い。その反対のプラスの極には、他のどこにも増して、ポリネシア以外で生まれた（大部分はヨーロッパ人だがアジア系もいる）、高等教育を終えていて、管理職だっ

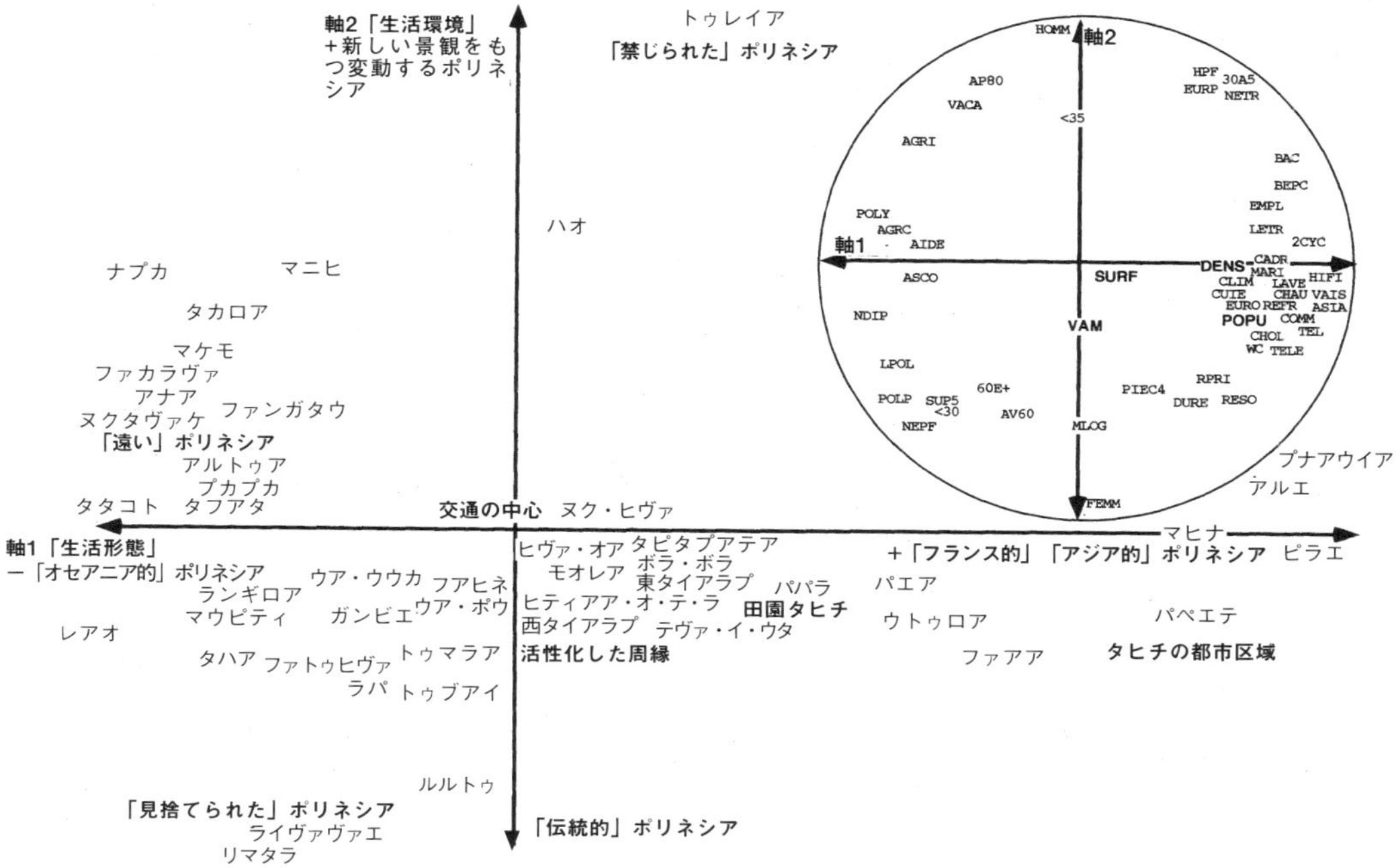
軸2「生活環境」
+新しい景観をもつ変動するポリネシア
トゥレイア
「禁じられた」ポリネシア
ハオ
ナプカ
マニヒ
タカロア
マケモ
ファカラヴァ
アナア
ヌクタヴァケ
ファンガタウ
「遠い」ポリネシア
アルトゥア
プカプカ
タタコト
タフアタ
交通の中心
ヌク・ヒヴァ
軸1「生活形態」
ー「オセアニア的」ポリネシア
ランギロア
マウピティ
レアオ
ウア・ウウカ
ファヒネ
ガンビエ
ウア・ポウ
タハア
ファトゥヒヴァ
トゥマラア
ラパ
トゥブアイ
ヒヴァ・オア
タピタプアテア
ボラ・ボラ
モオレア
東タイアラプ
ヒティアア・オ・テ・ラ
西タイアラプ
テヴァ・イ・ウタ
活性化した周縁
パパラ
田園タヒチ
パエア
ウトゥロア
ファアア
+「フランス的」「アジア的」ポリネシア
マヒナ
ピラエ
パペエテ
タヒチの都市区域
プナアウイア
アルエ
ルルトゥ
「見捨てられた」ポリネシア
ライヴァヴァエ
リマタラ
「伝統的」ポリネシア
軸2
軸1
HOMM
AP80
VACA
<35
AGRI
HPF
30A5
EURP
NETR
BAC
BEPC
EMPL
LETR
2CYC
POLY
AGRC
AIDE
ASCO
SURF
DENS
CADR
MARI
CLIM
LAVE
HIFI
CUIE
CHAU
VAIS
EURO
REFR
ASIA
POPU
COMM
TEL
CHOL
WC
TELE
NDIP
VAM
LPOL
60E+
POLP
SUP5
<30
NEPF
AV60
PIEC4
DURE
RPRI
RESO
MLOG
FEMM

たり貿易・製造業・商業のサラリーマンだったりする人が多いという住民特性をもつ市町村がある。これらの市町村はまた、安楽な生活のための設備が整った、最近建てられた住宅が多いことをも特徴としている。

この最初の軸により、住民とその生活様式に関して、二つの極端なタイプの状況を対立させて考えることができる。マイナス側にある市町村は伝統的であると見え、いわば「オセアニア的」ポリネシアと呼べるもの。プラス側の市町村は、西欧化され近代化されている。こちらは「フランス的」「アジア的」ポリネシアだ。この二つの極のあいだに、中間状況がグラデーションをなしていて、周辺部各地がそこに順に位置する。

軸2は、生活様式の特性というよりも、生活の枠組の特性を対比させる。この軸のマイナス極には、古い住居、四つ以上の部屋をもつ恒久建築物で五人以上が住んでいるようなところが多い。そこには相対的にいって、三十歳以下の若者や老人、女性が多い。それはしばしば前回の国勢調査のときとおなじ住居に住んでいるポリネシア系住民であり、経済活動については、これといって特徴的な分野がない。その反対のプラス極には、最近一〇年に建てられた住宅に、しばしば三十五歳以下の、同領土外で生まれた、ヨーロッパ系の男性を世帯主とする一家が住んでいる、という特徴をもつ市町村が集まっている。この軸には、モルロアならびにタンガタウファでの軍の存在を特徴とするトゥレイアや、ハオ、あるいはそれよりポイントは低いが、パペエテの裕福な郊外にあたるアルエやプナアウイアも含まれる。しかしまたこのプラス側には、ただ住宅が新しいという以外にはいまあげた市町村と共通点をもたない、東部・中部の一定数の環礁も含まれる。これは、一九八三年の台風で壊滅し、その結果として再建され新たなインフラを得ることになった環礁群だ。

全体として、この第二の因子軸は、ある対立を浮き彫りにする。安定した、ある種の社会・文化的保守主義に立つポリネシアと、その人文地理的表現にいたるまで変貌してしまったポリネシア（その最も明瞭な現われはパペエテ都市区域であり、またもちろんCEPの施設を有する環礁）のあいだの対立だ。こうしてフランス領ポリネシアの、地域としての類型学がかなり明確にできあがり、それは自動分類によって確認され説明されることになる。

ヒエラルキー分類の図表は、内部において均質な八つのクラスに分けることができる。この八つのクラスは、中心から最も遠い周縁へと、驚くほどの連続体をなしている。これらのクラスそれぞれについて、そのクラスが注目すべき値を上げている指標のリストを作れば、それはそれ以上のコメントを必要としないほどの、いわば人相書きカードのようなものとなるだろう。中心から最も遠い周縁にむかって（といっても必ずしもキロメートルで表わすべき距離ではない）、こうして以下のようなクラスを分類してみよう。

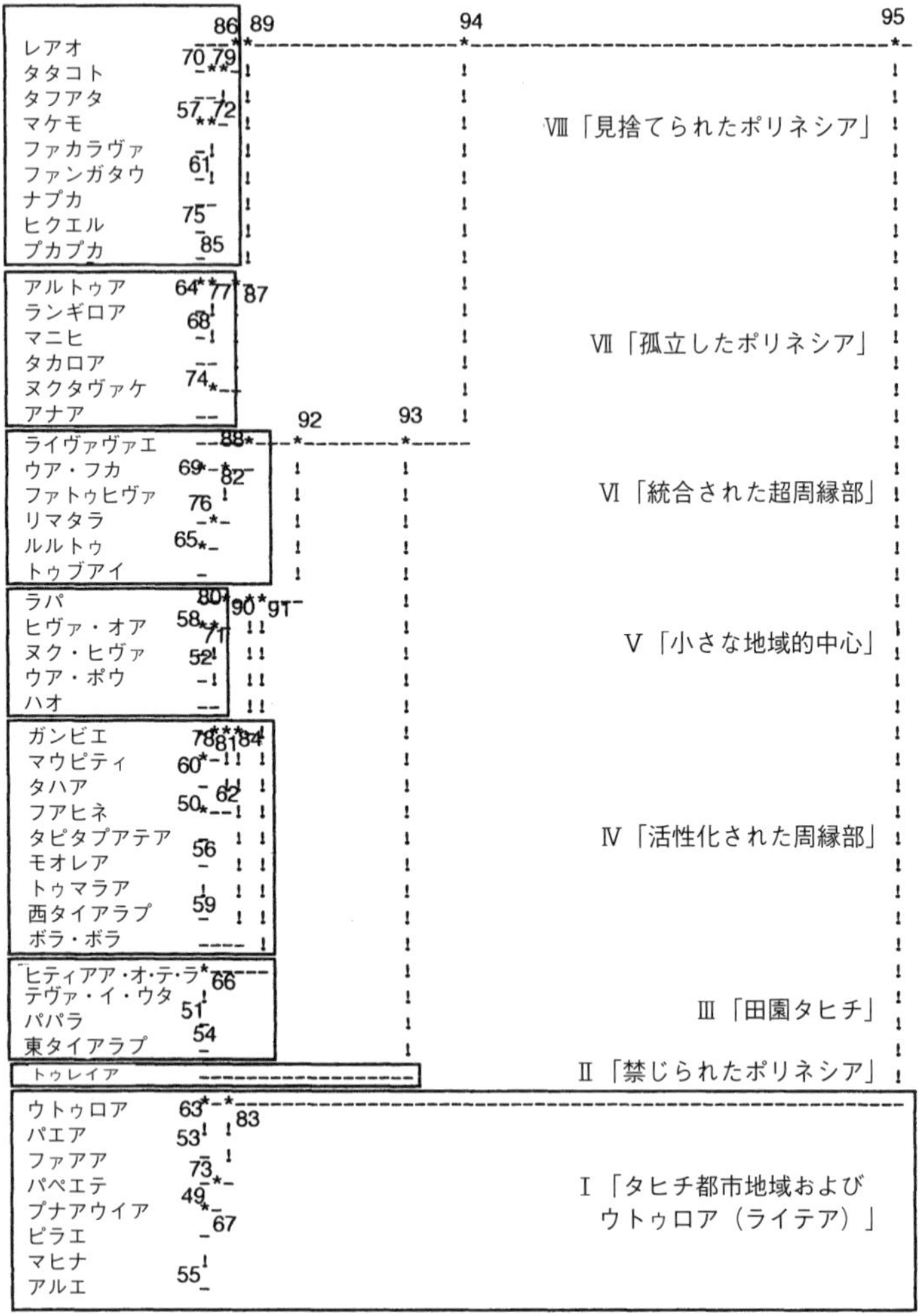
レアオ
タタコト
タフアタ
マケモ
ファカラヴァ
ファンガタウ
ナプカ
ヒクエル
プカプカ
Ⅷ「見捨てられたポリネシア」
アルトゥア
ランギロア
マニヒ
タカロア
ヌクタヴァケ
アナア
Ⅶ「孤立したポリネシア」
ライヴァヴァエ
ウア・フカ
ファトゥヒヴァ
リマタラ
ルルトゥ
トゥブアイ
Ⅵ「統合された超周縁部」
ラパ
ヒヴァ・オア
ヌク・ヒヴァ
ウア・ポウ
ハオ
Ⅴ「小さな地域的中心」
ガンビエ
マウピティ
タハア
フアヒネ
タピタプアテア
モオレア
トゥマラア
西タイアラプ
ボラ・ボラ
Ⅳ「活性化された周縁部」
ヒティアア・オ・テ・ラ
テヴァ・イ・ウタ
パパラ
東タイアラプ
Ⅲ「田園タヒチ」
トゥレイア
Ⅱ「禁じられたポリネシア」
ウトゥロア
パエア
ファアア
パペエテ
プナアウイア
ピラエ
マヒナ
アルエ
Ⅰ「タヒチ都市地域および
ウトゥロア（ライテア）」

8つの主要クラスは枠で示している.

分類ヒエラルキーの一覧表

クラスⅠ：都市区域——ここに含まれる市町村は、アルエ、マヒナ、ピラエ、プナアウイア、パペエテ、ファアア、パエア、ウトゥロアで、以下のような項目が目立っている。

RPRI　主住居のパーセンテージ
IMME　恒久建築の住宅のパーセンテージ
AV81　一九六〇年から八〇年のあいだに建てられた住居のパーセンテージ
DURE　恒久建築の主住居のパーセンテージ
RESO　水道が引かれている主住居のパーセンテージ
WC　屋内にトイレのある主住居のパーセンテージ
ECL　配電された電気で照明をしている主住居のパーセンテージ
REFR　電気冷蔵庫のある家庭（主住居）のパーセンテージ
CHAU　太陽光湯沸かし器のある家庭（主住居）のパーセンテージ
CHOL　ガス湯沸かし器のある家庭（主住居）のパーセンテージ
CLIM　少なくとも一つはエアコンのある家庭（主住居）のパーセンテージ
CUIE　電気コンロのある家庭（主住居）のパーセンテージ
LAVE　洗濯機のある家庭（主住居）のパーセンテージ

VAIS　食器洗い機のある家庭（主住居）のパーセンテージ
COUD　ミシンのある家庭（主住居）のパーセンテージ
TEL　電話のある家庭（主住居）のパーセンテージ
TELE　テレビのある家庭（主住居）のパーセンテージ
VIDE　ビデオデッキのある家庭（主住居）のパーセンテージ
HIFI　ハイファイ・ステレオセットのある家庭（主住居）のパーセンテージ
2ROU　原付・自動二輪車のある家庭（主住居）のパーセンテージ
AUTO　自家用車のある家庭（主住居）のパーセンテージ
POTI　発動機付船舶のある家庭（主住居）のパーセンテージ
EURO　世帯主がヨーロッパ系である家庭のパーセンテージ
ASIA　世帯主がアジア系である家庭のパーセンテージ
COMM　世帯主が職人・商店主・事業主である家庭のパーセンテージ
CADR　世帯主が管理職あるいは高度専門職である家庭のパーセンテージ
PINT　世帯主が中間的職種である家庭のパーセンテージ
EMPL　世帯主がサラリーマンである家庭のパーセンテージ

EURP　全人口に対するヨーロッパ系のパーセンテージ
ASIP　全人口に対するアジア系のパーセンテージ
HPFF　一九八三年の時点でフランス領ポリネシアの外に居住している者のパーセンテージ
LFRA　一九七九年以前に生まれ、フランス語を書く者のパーセンテージ
LASI　一九七九年以前に生まれ、アジア系言語を書く者のパーセンテージ
LETR　一九七九年以前に生まれ、外国語を書く者のパーセンテージ
CEP　初等学習証書取得者のパーセンテージ
BEPC　中等教育第一課程学習免状取得者のパーセンテージ
BAC　バカロレア取得者のパーセンテージ
2CYC　学士・修士取得者のパーセンテージ
3CYC　第三課程博士号取得者のパーセンテージ
SALA　就業者中のサラリーマンのパーセンテージ
IAGR　農業・食糧生産業で働く者のパーセンテージ
ENER　エネルギー生産・配給で働く者のパーセンテージ
BTP　公共事業および土木・農業工学で働く者のパーセンテージ

TTEL　物流・遠隔通信で働く者のパーセンテージ
MARC　商業で働く者のパーセンテージ
FINA　金融機関で働く者のパーセンテージ
POPU　市町村人口の実数
DENS　人口密度

クラスⅡ：「禁じられた」ポリネシア――都市区域から孤立して派生した部分で、モルロアおよびファンガタウファを含むトゥレイアがそれにあたり、以下の数値が高いことが特徴だ。

VACA　空き家のパーセンテージ
AP80　一九八〇年以降に建てられたか建築中の住宅のパーセンテージ
ECL　配電された電気で照明をしている主住居のパーセンテージ
CONG　冷凍冷蔵庫のある家庭（主住居）のパーセンテージ
<35　世帯主が三十五歳未満の家庭のパーセンテージ
AGRI　世帯主が農業・畜産業・漁業で働く家庭のパーセンテージ
EMPL　世帯主がサラリーマンである家庭のパーセンテージ

DIVO　全人口に対する離婚経験者のパーセンテージ
30A5　全人口に対する年齢三十歳から五十九歳の人のパーセンテージ
HOMM　全人口に対する男性のパーセンテージ
HPF　一九八三年の時点でフランス領ポリネシアの外に居住している者のパーセンテージ
LFRA　一九七九年以前に生まれ、フランス語を書く者のパーセンテージ
LETR　一九七九年以前に生まれ、外国語を書く者のパーセンテージ
CEP　初等学習証書取得者のパーセンテージ
BEPC　中等教育第一課程学習免状取得者のパーセンテージ
BAC　バカロレア取得者のパーセンテージ
SALA　就業者中のサラリーマンのパーセンテージ
AGRI　農業・林業・漁業で働く者のパーセンテージ
SNMA　非商業サービス業で働く者のパーセンテージ

クラスⅢ：田園タヒチ――都市区域の地理的・機能的延長であり、東タイアラプ、パパラ、テヴァ・イ・ウタ、ヒティアア・オ・テ・ラの市町村が含まれるが、以下の数値が高いことを特徴とする。

RESO　水道が引かれている主住居のパーセンテージ
WC　屋内にトイレのある主住居のパーセンテージ
ECL　配電された電気で照明をしている主住居のパーセンテージ
SUP5　五人以上が住んでいる主住居のパーセンテージ
CHAU　太陽光湯沸かし器のある家庭（主住居）のパーセンテージ
CHOL　ガス湯沸かし器のある家庭（主住居）のパーセンテージ
TEL　電話のある家庭（主住居）のパーセンテージ
TELE　テレビのある家庭（主住居）のパーセンテージ
HIFI　ハイファイ・ステレオセットのある家庭（主住居）のパーセンテージ
AUTO　自家用車のある家庭（主住居）のパーセンテージ
LFRA　一九七九年以前に生まれ、フランス語を書く者のパーセンテージ
CEP　初等学習証書取得者のパーセンテージ
SALA　就業者中のサラリーマンのパーセンテージ
IAGR　農業・食糧生産業で働く者のパーセンテージ
ENER　エネルギー生産・配給で働く者のパーセンテージ

BIEN　中間財生産業で働く者のパーセンテージ
BTP　公共事業および土木・農業工学で働く者のパーセンテージ
SNMA　非商業サービス業で働く者のパーセンテージ

クラスⅣ：活性化された周縁部――主要産業はさまざまだが経済的・社会学的に中心とむすびついているところで、西タイアラプ、モオレア、トゥマラア、タプタプアテア、タハア、ファアヒネ、ボラ・ボラ、マウピティ、ガンビエ諸島の市町村が含まれ、以下の数値が高いことを特徴とする。

RESO　水道が引かれている主住居のパーセンテージ
TELE　テレビのある家庭（主住居）のパーセンテージ
2ROU　原付・自動二輪車のある家庭（主住居）のパーセンテージ
AUTO　自家用車のある家庭（主住居）のパーセンテージ
BARQ　発動機なしの舟のある家庭（主住居）のパーセンテージ
AUTR　世帯主が就業していない家庭のパーセンテージ
BEPC　中等教育第一課程学習免状取得者のパーセンテージ
BIEN　中間財生産業で働く者のパーセンテージ

MARC　商業で働く者のパーセンテージ

クラスV：周縁部の小さな地域的中心——地理的位置としてはさまざまだが、人口実数のヒエラルキー内での位置としては似かよっていて、ハオ、ウア・ポウ、ヌク・ヒヴァ、ヒヴァ・オア、ラパといった市町村を含み、以下の数値が高いことを特色とする。

TRAD　伝統建築による個人住宅のパーセンテージ
RESO　水道が引かれている主住居のパーセンテージ
WC　屋内にトイレのある主住居のパーセンテージ
ECL　配電された電気で照明をしている主住居のパーセンテージ
SUP5　五人以上が住んでいる主住居のパーセンテージ
CONG　冷凍冷蔵庫のある家庭（主住居）のパーセンテージ
COUD　ミシンのある家庭（主住居）のパーセンテージ
PINT　世帯主が中間的職種である家庭のパーセンテージ
OUVR　世帯主が肉体労働者である家庭のパーセンテージ
SALA　就業者中のサラリーマンのパーセンテージ

SNMA　非商業サービス業で働く者のパーセンテージ

クラスⅥ：統合された超周縁部――マルケサスおよびオーストラル諸島の高い島々のことをいい、トゥブアイ、ルルトゥ、リマタラ、ライヴァヴァエ、ウア・フカ、ファトゥ・ヒヴァの各市町村を含み、以下の数値が高いことを特色とする。

TRAD　伝統建築による個人住宅のパーセンテージ
AV60　一九六〇年以前に建てられた住宅のパーセンテージ
RESO　水道が引かれている主住居のパーセンテージ
SUP5　五人以上が住んでいる主住居のパーセンテージ
LOGA　農業に使われる住宅のパーセンテージ
LOGP　漁業・養殖・真珠養殖に使われる住宅のパーセンテージ
LOGC　商業・工芸・サービス業に使われる住宅のパーセンテージ
CONG　冷凍冷蔵庫のある家庭（主住居）のパーセンテージ
COUD　ミシンのある家庭（主住居）のパーセンテージ
BARQ　発動機なしの舟のある家庭（主住居）のパーセンテージ

COMM　世帯主が職人・商店主・事業主である家庭のパーセンテージ
AUTR　世帯主が就業していない家庭のパーセンテージ
LPOL　一九七九年以前に生まれ、ポリネシア系言語を書く者のパーセンテージ
BEPC　中等教育第一課程学習免状取得者のパーセンテージ
CONS　日用品生産業で働く者のパーセンテージ

クラスⅦ：孤立したポリネシア——トゥアモトゥ諸島中央部・西部の比較的人口が多い環礁からなる。
アナア、ヌクタヴァケ、タカロア、マニヒ、ランゴロア、アルトゥアが含まれ、以下の特色をもつ。
VACA　空き家のパーセンテージ
TRAD　伝統建築による個人住宅のパーセンテージ
AP80　一九八〇年以降に建てられたか建築中の住宅のパーセンテージ
LOGA　農業に使われる住宅のパーセンテージ
LOGP　漁業・養殖・真珠養殖に使われる住宅のパーセンテージ
LOGC　商業・工芸・サービス業に使われる住宅のパーセンテージ
POTI　発動機付き船舶のある家庭（主住居）のパーセンテージ

AGRI　世帯主が農業・畜産業・漁業で働く家庭のパーセンテージ
AUTR　世帯主が就業していない家庭のパーセンテージ
ACOM　一九八三年には八八年とは別の市町村に住んでいた住民のパーセンテージ
LPOL　一九七九年以前に生まれ、ポリネシア系言語を書く者のパーセンテージ
AIDE　就業者中の家族手当をうけている者のパーセンテージ
AGRI　農業・林業・漁業で働く者のパーセンテージ

クラスⅧ：見捨てられたポリネシア――このように呼べるのは、トゥアモトゥ諸島中央部・東部の最も交通の便が悪い環礁ならびにマルケサス諸島の最も交通の便が悪い島々だ。タファアタ、レアオ、タカコト、マケモ、ファカラヴァ、ファンガタウ、ナプカ、ヒルエル、プカプカを含み、以下の特色をもつ。

VACA　空き家のパーセンテージ
AP80　一九八〇年以降に建てられたか建築中の住宅のパーセンテージ
LOGA　農業に使われる住宅のパーセンテージ
FGAZ　ガスあるいは石油冷蔵庫のある家庭（主住居）のパーセンテージ
2ROU　原付・自動二輪車のある家庭（主住居）のパーセンテージ

AGRI　世帯主が農業・畜産業・漁業で働く家庭のパーセンテージ
ACOM　一九八三年には八八年とは別の市町村に住んでいた住民のパーセンテージ
LPOL　一九七九年以前に生まれ、ポリネシア系言語を書く者のパーセンテージ
ASCO　就業者中の自営業者のパーセンテージ
AIDE　就業者中の家族手当をうけている者のパーセンテージ
AGRI　農業・林業・漁業で働く者のパーセンテージ

こうして各クラスにおける主要な特色のリストがしめしているのは、すでに因子の図表からわかっていたことだが、この類型学は、中心（タヒチの都市区域）とグラデーションをなす周縁各地（多かれ少なかれ現代に統合されているところから明らかに周辺に追いやられ見捨てられたところまで）の強い対立に、よく合致しているということだ。フランス領ポリネシアのこうした地域形成には、ポリネシアの人びと内部での社会階層、小さな人間集団がどうやって生きてゆくのか、そしてついには本国による支配のあり方まで、さまざまに深刻な問題を見ないわけにはいかない。

実際、統計分析によって得られた類型学が、空間分割を覆い隠してしまうことは明らかだ。島々の異なった住民集団が、同水準の生活水準を達成できないことが明らかなだけでなく、最も多くの安楽な要

クラス別平均人口・人口密度

クラス	平均人口密度（平方キロメートルあたり）	平均市町村人口（1988年）
Ⅰ 都市地域	431	13,369
Ⅱ 禁じられたポリネシア	114	2,186
Ⅲ 田園タヒチ	41	5,811
Ⅳ 活性化された周縁部	54	3,666
Ⅴ 小さな地域的中心	12	1,508
Ⅵ 統合された超周縁部	47	1,172
Ⅶ 孤立したポリネシア	19	839
Ⅷ 見捨てられたポリネシア	19	426

素をもっている人びと、経済的・社会的に現代に最もよく統合されている人びとと、それらをもたない人びとのあいだの差異も、やはり明らかだろう。そこには、社会＝空間的な階層の存在が、はっきりと現われている。

同様に生じてくる問題は、人間集団の生存能力《ヴァイアビリティ》の問題で、これは生活水準の特性変数が各市町村の人口・面積・人口密度の変数と相関していることから見えてくる。まるで、ある閾値の下では、とくに人口に関して、生存能力（西欧の標準に照らしてみたとき）は保証できないかのようなのだ。上の図表では、こうした数値が、中心から最も遠い周縁部にむかってゆくにつれて、もっぱら減少してゆくようすが、よくわかる。この閾は、したがって、およそ二〇〇〇から三〇〇〇人あたりと見なしてよさそうだ。

島々の生存能力だけでなく、この類型学はまた、中心による周縁の支配という政治的問題をも考えさせる。都市区域は単にフランス領ポリネシアの権力のあらゆるかたちにおける所在地であるというだけでなく、現代のあらゆる属性が集中する場でもある。この文脈で見るならば、再分配といっても近くの周縁部に限られているように見えるし、周縁は利益をこうむることのないまま支配されていると感じるかもしれない。したがって、島々のヒエラルキーのなかで中心が現実の中継点をもたない以上、周縁にとって中心の支配とは果たして受け入れられるものかどうかという、当然の問いが生じる。個人レベルで見るなら、この拒絶は周縁から中心への移住というかたちをとることができるし、実際しばしばそれは実行される。集団レベルでは、それは別のかたち、とりわけ地域差の肯定や、タヒチとのむすびつきを超えて本土と直接むすびつく、といったかたちをとることがあるだろう。この現象は、とくにマルケサス諸島では、ひさしい以前から感じられてきたことだ。

結論

地理学的分析は一領土について、無意味なフォークロアでなければ経済的・社会的「無空間性」の陰であまりにもしばしば無視されがちな基本的主題のいくつかを、強調するのに役立つ。フランス領ポリネシアとその住民にとっては、それらの主題とは、受けて立つべき挑戦にほかならない。そのいくつかは、地理的な分散や遠さや人口の少なさといった古くからの問題であり、他のいくつかは、はるかに新しくまたはるかにむずかしい問題、人口の急成長や、現代経済・社会という枠内で小集団が生きてゆくことの困難や、社会＝空間的不平等の増大や、中央による周縁の（中間的位階を欠いた）徹底支配などだった。

地理学的主題でもあるこうした挑戦の一覧表作りは、ここでしめすことができたように、中心と周縁という分析の一般モデルを用いることなくしては、また行政やその統計部門の問題構成が生む安易な習慣的見方を捨象したうえで厳密な分析手法を用いることなくしては、達成しえなかった。

同領土がいっそう大きな政治的・経済的自律性にむかって進化してゆく現在、そして核実験の終わりが視界に浮上しＣＥＰの存在の重みが消えつつある現在、こうした分析は無益ではない。それはフランスの他の海外領土や南太平洋島嶼国家の、これとよく似た状況のためにも、役立つことだろう。

こうしてフランス領ポリネシアは、フランスという総体に統合されたことから生じた、特異な課題を投げかけられているように見える。フランスはポリネシアに有無をいわさず生活様式の西欧化を望ませるようになり、ポリネシア自身もそれを達成することを願うようになる。「ＣＥＰ以後」と呼ばれることの文脈にあっては、独自の発展モデルの発明の必要性を考えずに、あらゆる点で西欧最先進国の水準に従った生活の枠組・様式に全員が達することをめざせばいいといってすませるわけにはいかない（それはそもそも物質的に不可能なのだ）。そんな目標を掲げれば、中心＝周縁の不均衡がいっそうひどくなるばかりだろう。それとは逆に、この発展モデルは、より大きな空間的公平性が得られるように気を配りながら、すでにすっかりゆるんでしまった社会＝空間的絆をむすびなおせるようにするものであるべきだ。所得税のような効果的な再分配の機構が長らく不在であることは、この点で明らかに役に立っていない。

ＣＥＰの時代に本当にはそうしなかったのとおなじくこの点に気を配らないならば（それでもおそらくあの時代にはこの問題はあまりにもむずかしかったうえ好景気のせいで見て見ぬふりをしていられた）フランス領ポリネシアは、ふたたび祖先たちの時代のようなばらばらの状況に逆戻りしてしまうかもしれない。それもフランス本土に対してというのではなく、肥大化し全面的に君臨する中心との対立というかたちで。「地域ごとの特異性」を強調し、ある全体の一部にすぎないと他人に見られることを非常に嫌うのは、ミクロな島社会の特徴の一つだ。おそらく、「フィールドに密着する」ことを心がけるあまりついにはそれに同一化してしまう研究者たちにもその癖がうつって、研究はしばしば純粋に帰納的でモノグラフ的な成果をあげることばかりをめざすようになる。けれども地理学の義務は、さらに神話をふやすのではなく、あくまでも領土全体の機能と力学を分析することにあるのだ。

訳者あとがき

暗い藍色の大洋のなかに、唐突に姿をあらわした島影。高く陰影に富んだ緑の島の周囲を、いびつな指輪のように環礁がとりかこみ、島と環礁のあいだには淡いトルコ石の青をした浅い海がひろがっています。これがラグーン（礁湖）、太陽の光を浴びて温められた海水の、巨大なプールです。環礁の外側には大洋の大きな波が打ち寄せ、白く砕け、気をつけて見るならば、ところどころにラグーンと外海をむすぶパス（水路）が切れているのもわかります。島の中央には、怖いほど険しい山がそびえています。主峰オテマヌは標高七二七メートル。快晴なのに頂上付近には雲がかかって、いっそう幻めいた雰囲気を与えています。島の名はボラ・ボラ、タヒチを行政上の中心とするソシエテ諸島の一島。一九九二年に訪れたその島の空からの眺めは、まちがいなくぼくがこれまでに目にすることのできた、もっとも陶然とさせられる光景でした。

おなじようにこの世のものとも思えない美しさを誇るカリブ海の島出身の詩人が、こんなふうに嘆いていたことがありました。カリブ海はいまでは偽物のポリネシア、旅行パンフレットの完璧な写真そのものだと思われている、と。実際、世界中の先進国の人々が地球を隈なく飛びまわる現代という大観光時代にあっても、現実にポリネシアの島々を訪れる旅行者の数は（北太平洋のハワイを別格として）ごく限られています。それなのに「熱帯」あるいは「海岸」といった言葉を魅惑とともに人が思い浮かべるとき、そこでイメージされるのはまず南太平洋、広大なポリネシアに点在する島々なのです。われわれは現実の世界とともに、イメージの宇宙を体験している。そこではポリネシアはひどく肥大して、はたしてどんな神話の作用によってか、甘美でものうい、性的な色彩をおびた穏やかな逸楽の土地として、人を誘惑し、ときには無根拠な旅に駆り立てます。

北太平洋のハワイ諸島、南太平洋のアオテアロア（ニュージーランド）とラパ・ヌイ（イースター島）をむすんだ巨大な三角形が「ポリネシアの三角形」で、ここはヨーロッパ人の到達が地球上でもっとも遅れた地域でした。コロンブス以来のアメリカス（南北アメリカとカリブ海）への侵略とその征服をつうじて、世界の「グローバル化」への道をひらいたキリスト教西欧にとっては、この広大な「水半球」は、まさに地球の裏側でした。けれどもそこにはすでに、星を見て位置を知り手漕ぎのカヌーで大洋をわたる勇壮なポリネシア人が、何世紀もまえに移住を終えていたのです。おおもとをたどれば東南アジアのどこかから、豚や犬や鶏さえ連れて。十八世紀、ヨーロッパ人によるこの地域への航海が本格化すると、観察と憶測がごっちゃになった数々の「南海の神話」が生まれ、ポリネシアはある種の感受性や想像力にとっての欲望の対象となりました。十九世紀、小説家メルヴィルや画家ゴーギャンの作品が、そうした神話をある完成形態にまで高めます。こんにちでも私たちの多くが、たとえばゴーギャンの、オレンジ色の犬が印象的な《アレアレア》(タヒチ語で「幸福」を意味する)のような絵を見て、そのありえない色彩の魅惑にタヒチへの旅をはじめて思いつくといったことは、しばしばあります。

けれどもそこには、島の現実はありません。一般に流通する神話やイメージをひとまず括弧にくくり、関心をもった土地の現実に、私たちは少しでも接近を試みるべきでしょう。本書は、**Emmanuel Vigneron**, ***La Polynésie française*** (Coll. « Que sais-je? » n°3041, P.U.F., Paris, 1995) の翻訳です。フランス植民地帝国の最後の一角を占めるこの地域についての、主として地理学の側から見た概説書です。分散する島々で、前提となるそれぞれの自然条件にいかに対応しながら、人々が居住空間を切りひらいてきたか。そしてそれが現代の社会的・経済的・政治的環境のなかでは、どのようなパターンを描き、どのように変化しつつあるのか。著者エマニュエル・ヴィニュロンはモンペリエ第三大学所属の地理学者・開発学者で、とくに公衆衛生関係の専門家として知られているようです。本書では、島の生態学的な特色への注目や開発の歴史的背景への目配りが、この地理学者の関心をよく反映している部分だといえるかもしれません。

歴史はひとときたりとも立ち止まることがありません。現代社会のなかのポリネシアも、絶えず変化を続けています。最近の大きな動きとしては、二五万三〇〇〇人の人口を擁するフランス領ポリネシアの地位が、かつての「海外領土」(territoire d'outre-mer) から二〇〇四年、オスカル・マヌタヒ・テマルを大統領とする「海外邦」(pays d'outre-mer) へと変わったということをあげておきましょう (大統領府の公式サイト www.presidence.pf を参照)。フランス本国にとってはポリネシアは核実験の場でしたが、一九九五年の本書刊行直後に再開され九六年一月まで続いた核実験が世界中で轟々たる批判をひきおこしたのは、まだ私たちの記憶に鮮明に残っているところです。二〇〇六年の現在にいたっても、一九六六年から七四年にかけての同地域での空中核実験が住民に与えた放射能の影響が、やっと調査委員会によって報告されたという報道がありました (www.tahitipresse.pf)。こうして見るとこの問題は、この地域のみならずフランス海外領土全体の将来にも大きく関わる、現在進行形の問題だといえるでしょう。

フランス領にかぎらず、魅力に富んだポリネシア世界に関心を抱くみなさんが、本書をきっかけに、それぞれの問題意識にしたがってさらに持続的な探究を深めてゆかれることを、心から願っています。

二〇〇六年二月

アオテアロア、ターマキ・マカウラウにて

訳者

参考文献

フランス領ポリネシア海外領土ならびに
南太平洋をめぐる問題系への入門.

Mathieu (J.-L.), 1988—*Les DOM-TOM*, Paris, PUF, coll.« Politique d'aujourd'hui », 270 p.

Antheaume (B.), Bonnemaison (J.), 1988—*Atlas des îles et Etats du Pacifique Sud*, Montpellier, GIP, Reclus/Publisud.

Vigneron E., 1994, Les territoires français du Pacifique, in *La France dans ses régions*, ouvrage publié sous la dir. d'A. Gamblin, Paris, CDUSEDES, avril 1994.

Vigneron (E.)(Ed.), 1994—*Les populations du Pacifique*, numéro spécial d'*Espaces, Populations, Sociétés*, n°1994/2.

地図について.

太平洋の各海外領土に対する最初の一歩としてはＩＧＮ製作のすばらしい地形図を使うのがよい．とくに『ソシエテ諸島十万分の一』（n°513）および二十万分の一の『フランス領ポリネシア』が手頃だろう．パペエテでは国土整備・都市計画事業団が，主要各島についてさまざまな縮尺の詳細図を製作している.

統計データ

おもな統計資料は海外放送協会の年次報告ならびにパペエテにあるＩＴＳＴＡＴ（海外領土統計協会）の出版物から得ることができる．後者はフランス本国におけるＩＮＳＥＥ発行のＴＥＲに類する「経済表」を毎年発行している.

総合的著作

Doumenge (F.), 1966—*L'homme dans le Pacifique Sud*, étude géographique, Paris, Musée de l'homme, Publ. *de la Société des Océanistes*, n°19, 634 p.

Bonvallot (J.), Dupon (J.-F), Vigneron (E.)(Eds)—*Atlas de Polynésie française*, Paris, ORSTOM Editions, 112 planches couleurs et commentaires 36×48 cm (Prix Fondation Pierre-Félix Fournier de la Société de géographie).

Vignron (E.), 1991—*Hommes et santé en Polynésie française, essai de gérgraphie humaine*, Lille, Atelier national de reproduction des thèses, 1991, et Mémoires et documents du CNRS, coll. « Géographie », Paris, 1995, 490 p.

Bonvallot (J.), Laboute (P.), Vigneron (E.), Rougerie (F.), et coll., 1994—*Atolls des Tuamotu*, Paris, ORSTOM.

訳者略歴
一九五八年生まれ。明治大学理工学部教授（総合文化）。
比較詩学専攻。
主要著訳書
『オムニフォン――〈世界の響き〉の詩学』（岩波書店）
『コヨーテ読書』（青土社）
『狼が連れだって走る月』（筑摩書房）
グリッサン『〈関係〉の詩学』（インスクリプト）
アジェンデ『パウラ、水泡なすもろき命』（国書刊行会）
ベンダー『燃えるスカートの少女』（角川書店）など。

フランス領ポリネシア

二〇〇六年三月一五日印刷
二〇〇六年四月五日発行

訳　者　©　管《すが》　啓《けい》次《じ》郎《ろう》
発行者　川　村　雅　之
印刷所　株式会社　平河工業社
発行所　株式会社　白　水　社

東京都千代田区神田小川町三の二四
電話　営業部〇三（三二九一）七八一一
　　　編集部〇三（三二九一）七八二一
振替　〇〇一九〇―五―三三二二八
　　　郵便番号一〇一―〇〇五二
http://www.hakusuisha.co.jp
乱丁・落丁本は、送料小社負担にて
お取り替えいたします。

製本：平河工業社

ISBN4-560-50898-4
Printed in Japan

R 〈日本複写権センター委託出版物〉
本書の全部または一部を無断で複写複製（コピー）することは、著作権法上での例外を除き、禁じられています。本書からの複写を希望される場合は、日本複写権センター（03-3401-2382）にご連絡ください。

文庫クセジュ

歴史・地理・民族(俗)学

文庫クセジュ

752 オランダ史
755 朝鮮半島を見る基礎知識
757 ラングドックの歴史
758 キケロ
760 ヨーロッパの民族学
766 ジャンヌ・ダルクの実像
767 ローマの古代都市
769 中国の外交
781 カルタゴ
782 カンボジア
790 ベルギー史
791 アイルランド
806 中世フランスの騎士
810 闘牛への招待
812 ポエニ戦争
813 ヴェルサイユの歴史
814 ハンガリー
815 メキシコ史
816 コルシカ島
819 戦時下のアルザス・ロレーヌ
823 レコンキスタの歴史
825 ヴェネツィア史
826 東南アジア史
827 スロヴェニア
828 クロアチア
831 クローヴィス
834 プランタジネット家の人びと
842 コモロ諸島
853 パリの歴史
856 インディヘニスモ
857 アルジェリア近現代史
858 ガンジーの実像
859 アレクサンドロス大王
861 多文化主義とは何か
864 百年戦争
865 ヴァイマル共和国
870 ビザンツ帝国史
871 ナポレオンの生涯
872 アウグストゥスの世紀
876 悪魔の文化史
877 中欧論
879 ジョージ王朝時代のイギリス
882 聖王ルイの世紀
883 皇帝ユスティニアヌス

文庫クセジュ

哲学・心理学・宗教

1 知能
13 実存主義
25 マルクス主義
107 世界哲学史
114 プロテスタントの歴史
149 カトリックの歴史
193 哲学入門
196 道徳思想史
199 秘密結社
228 言語と思考
252 神秘主義
326 プラトン
342 ギリシアの神託
355 インドの哲学
362 ヨーロッパ中世の哲学
368 原始キリスト教
374 現象学
400 ユダヤ思想
415 新約聖書
417 デカルトと合理主義
438 カトリック神学
444 旧約聖書
459 現代フランスの哲学
461 新しい児童心理学
468 構造主義
474 無神論
480 キリスト教図像学
487 ソクラテス以前の哲学
499 カント哲学
500 マルクス以後のマルクス主義
510 ギリシアの政治思想
519 発生的認識論
520 アナーキズム
525 錬金術
535 占星術
542 ヘーゲル哲学
546 異端審問
558 伝説の国
576 キリスト教思想
592 秘儀伝授
594 ヨーガ
607 東方正教会
625 異端カタリ派
680 ドイツ哲学史
697 オプス・デイ
704 トマス哲学入門
707 仏教
708 死海写本
710 心理学の歴史
722 薔薇十字団
723 インド教
726 ギリシア神話
733 死後の世界
738 医の倫理
739 心霊主義
742 ベルクソン
745 ユダヤ教の歴史
749 ショーペンハウアー
751 ことばの心理学

文庫クセジュ

754 パスカルの哲学
762 キルケゴール
763 エゾテリスム思想
764 認知神経心理学
768 ニーチェ
773 エピステモロジー
778 フリーメーソン
779 ライプニッツ
780 超心理学
783 オナニズムの歴史
789 ロシア・ソヴィエト哲学史
793 フランス宗教史
802 ミシェル・フーコー
807 ドイツ古典哲学
809 カトリック神学入門
818 カバラ
835 セネカ
848 マニ教
851 芸術哲学入門
854 子どもの絵の心理学入門
862 ソフィスト列伝
863 オルフェウス教
866 透視術
874 コミュニケーションの美学
880 芸術療法入門
881 聖パウロ

文庫クセジュ

社会科学

318 ふらんすエチケット集
357 売春の社会学
396 性関係の歴史
457 図書館
483 社会学の方法
616 中国人の生活
654 女性の権利
693 国際人道法
695 人種差別
715 スポーツの経済学
717 第三世界
725 イギリス人の生活
737 ＥＣ市場統合
740 フェミニズムの世界史
744 社会学の言語
746 労働法
786 ジャーナリストの倫理
787 象徴系の政治学
792 社会学の基本用語
796 死刑制度の歴史
824 トクヴィル
837 福祉国家
845 ヨーロッパの超特急
847 エスニシティの社会学